サムライ異文化交渉史

◉札幌大学教授
御手洗昭治 Mitarai Shoji

ゆまに書房

サムライ異文化交渉史

目次

序章 ❖ 異文化交渉の視点から歴史を見る

序　章　異文化交渉の視点から歴史を見る

歴史学者のC・ライト・ミルズが述べている。「歴史とは『運命』、『偶然』、『宿命』とかの産物ではない。それらは「人間が行った大小さまざまな『決断』の結果である」と。

世界の歴史をひもとくと、そこには、得てして「現代」の姿が相似形のように映し出されている。つまり、今、我々の日本が直面する難問は先人によって体験ずみであることがわかるのである。国際問題や異文化間の紛争問題を解く糸口やカギは、「過去」の中にあると言えるかもしれない。

現代は歴史を再検討する時代

現代は世界史を再検討することが必要な時代となっているといわれている。例えば、以下に述べる四つの例は、その顕著たるものである。

(一)「チョンマゲ姿時代」の日本人を国際社会に引き入れたのは、一八五三年七月八日に浦賀沖に四隻の「黒船」を引き連れたペリー(ペルリ)提督に始まるといわれている。しかも、これが、日米交渉の「夜明け」と多くの書物で紹介されている。しかし、歴史資料を検証すると、ペリー来航をさかのぼること六十二年前に、アメリカの国旗を掲げた商船が既に東洋貿易の振興という国家的目的を持って日本に来航し、最初の日米交渉を行ったという事実がある。

（二）他の国々についても、ペリー来航以前に、たとえばラクスマン中尉が率いて根室に来航したロシア船や、室蘭に来航したブロートンのイギリス船なども、その目的が、国際戦略の一環として履行された対日交渉でもあるにもかかわらず、多くの文献には、のどかな異文化交流史的に記述されている。

（三）これまでの異文化交流や交渉史の研究には、国際交渉学、政治学を含む社会科学の理論と歴史学を合わせた、いわゆる「学際的アプローチ」による文献が少ない。

（四）列強国においては、異文化に臨む探検航海、世界周航などは、たとえばイギリスにおいて一八世紀に議会が決議し、海軍大臣が主導して実行に移されるように「国家的戦略的事業」となっていくが、これらについてはあまり語られていない。

自然科学の成果を発表する機関と思われがちな「英国国立協会」は、国家戦略に重要な役割を果たすために設立され、探検航海に際して発見されたさまざまな情報、測量結果、航海に際する船員の壊血病防止のための医学資料を発表する機関であった。科学者で「かなたに何かがある」と提唱したフランシス・ベーコンや万有引力を発見したケンブリッジ大学のアイザック・ニュートンも、協会の中心的メンバーであり国家戦略策定の役割を果たした。

冷戦後、欧米主導のグローバリゼーションが世界の一元化を目指そうとしていた。特に一九九二年は、クリストファ・コロンブスの新世界到達から数えて五〇〇年という節目の年でもあった。現在われわれは、世界史上、新たな新世界の挑戦を受けて立たざるを得ないターニングポイントにさしかかっている。

本書では、「黒船来航前後」（一八～一九世紀）の日本とアメリカやイギリス、ロシア、フランスなどの西欧列強との関係に視点をおき、「交渉学の視点」で捉え直してみることにした。
「その時代、人々の意識や世界像とはいかなるものであったのか?」また「日本は外圧に対しどう対応しようとしたのであろうか?」、「欧米列強は通商を含む「交渉」をどうとらえ、異文化の日本に対しどのような戦略で交渉・交流を押し進め接近しようとしたのであろうか?」また、「黒船前後の時代に、日本は諸外国との接触や対応、交流にはどのような姿勢で対処しようとしたのであろうか?」などについて交渉学の視点から探ってみたい。

交渉学は、一九七〇年の初期にハーバード大学の一部の教授陣達によって行動科学の視点から研究が試みられた理論に基づく実践の学問である。従来のような伝統的な一分野の研究方法のみに基づいて研究を進める学問ではない。

交渉学においては、これまではゲーム理論の研究や、それに実証的な質的・量的な研究が多かったが、政治学と歴史学とを織り交ぜた研究は皆無に等しい。それについて、国際交渉の研究で世界的に著名はマイケル・ブレーカーも、「日本の外交交渉を扱った研究は、条約を並べた単なる年表的なものか、あるいは学問的価値が疑われるような、きわめて偏った解釈のものか、どちらかであった。〈中略〉近代日本外交の研究で政治学と歴史学の双方を織り交ぜたものは、見当たらない」と指摘する。(Blaker, Michael, *Japan's International Negotiating Behavior*, Columbia Univ. Pr. 1975)

本書の構成は目次のとおりであるが、第五章「レディ・ワシントン号の出発から対日交渉—ペリー以前の日米交渉—」の内容の一部は、筆者の『黒船以前：アメリカの対日政策はそこから始まった!!』(一九九四年刊、第一書房)の中に収められていたものから抜粋した。それ以外の章の内容は、筆者がこれまで所属学会で発表してきた資料、また国際協力事業団（ＪＩＣＡ）やロータリー財団、北海道日米協会などの講演等で発表してきたものが土台となっている。なお、本書は、一般の読者を念頭において記述されたものであり、外交交渉や異文化交渉・交流の過程を詳しく説明するような外交史書や歴史書ではないことをお断りしておきたい。

黒船前後の日本と世界

・外圧＝交渉カード

マイケル・アマコスト元駐日アメリカ大使は一九九〇年代、日米交渉の席で日本側に貿易不均衡の是正を迫ることがよくあった。このため、同大使には「ミスター・外圧」という名称がつけられた。

黒船来航以後、外国からのさまざまな「外圧」を、日本人は歴史的に「黒船」にたとえ、それによって生み出される現象を「黒船ショック」と呼んでいる。日本人は昔から脅し、すかされて物事の「交渉」にあたらねばならないようだ。しかし、異文化交渉や国際交渉の席などで欧米側（あるいは中国や韓国なども）が交渉を有利に進める上で、交渉戦術の一つとし「外圧」を「交渉カード」としてよく使用することがあるが、この方法は、日本においては紳士的なやり方ではないと思っている人が多い。欧米やロシアや中国のように「交渉」を「戦闘ゲーム」と捉えている多くの国々にとっては、日常的に使用されるため、別に驚くことではない。欧米の交渉学の研究者たちは、日本人には「交渉」イコール「譲歩」という考えの人が多いという。したがって、外国側との交渉の席で攻撃や反論を受けると、それを「外圧」として受け入れ、すぐ譲歩したがる（外圧に屈する）傾向が強い。

ふり返ってみると、ペリー提督の「黒船」が一八五三年に交渉のため来航した時、日本人もショックを受けたかもしれないが、むしろ日本人と交渉をした黒船艦隊側の方が、幕府側の日本人の対応に対しショックを受けたのではないか。もっとも、国際政治学者のスティーブ・ヴォーゲルが著書『規制大国日本のジレンマ』（岡部曜子訳、東洋経済社、一九九七年）の中で述べているように、一九九〇年代前半まで日本の世論は外圧に反発せず、外圧を利用し、貿易上の規制緩和を緩和させていた歴史もある。

・交渉パワーと国際パワー

「江戸時代の三百年間、世界において国際的なパワーを持っていた国を挙げよ」と問われた時にどの国が脳裏に浮かぶであろうか？　やはり、七つの海を制覇した大英帝国（イギリス）とアメリカである。両国ともアングロサクソン国家であり、パックス・ブリタニカとパックス・アメリカを築いた「スーパー・パワー」（超大国）であった。ただし、大航海時代の始まる一五世紀初め、世界の経済のＧＤＰ総額の多くは、現在のインドと中国と呼ばれる地域で生み出されていた。その後、世界の経済の中心地域は、ヨーロッパの勃興と、新大陸アメリカの発展によって西へ西へと移動したのである。なお、大航海時代は一五世紀はじめ航海者エンリーケの時代に始まり、クリストファー・コロンブスの新大陸発見、そしてマゼラン＝エルカーノの世界周航の終わった一五二二年までと続く。

イギリスも、「新興国」アメリカも物質文明、商業社会のハービンジャー（先駆者）であったことは歴史書を繙けば、明らかなことである。一方、イギリスとアメリカ以外の西欧列強は、特にポルトガルの航海士であったバスコダガマの出現後は、国益追求のために自らの「西欧型国際体系」を形成し「アクティブ・ステート」として、非欧州地域であるアジアや中近東、アフリカの地域で商業戦を展開し、「拡散型ハード・パワー」を駆使して植民地争奪戦を繰り広げるに至った。なお、「ハード・パワー」とは国際政治学者であるジョセフ・ナイのコンセプトで軍事力、政治力、経済力を意味する。それに対し、「ソフト・パワー」は、文化分野、教育分野、知的産業、それに環境保全への取り組み面における力のことである。(Nye, J. S. Jr.（1990）*Bound To Lead*（Basic Books）) 例えば、アニメの『もののけ姫』などは、アジアの中で環境意識が最も高い日本の「ソフト・パワー」のシンボルでもある。

もっとも、「拡散型ハード・パワー」を展開する上において抵抗がなかったわけではない。独自の文化体系や文化価値を持つ地域は時に強い抵抗を示した。しかし、すでに圧倒的な武力を保持してしまっていたヨーロッパはこの抵抗を力で粉砕した。交渉学では、これを「ゼロサム・ゲーム」と呼ぶ。また、その武力弾圧が正当なものであることを論証した。「拡散型ハード・パワー」保持国は、実は「理論武装」のみ長けていた。ヨーロッパの列強は近代化のプロセスにおいて、すでに強力な二つのパワーを身につけていたのである。拡散を受けとめる側は、被害者意識を持ちながらも、この流れに抵抗しきれなかった。

・「戦略型文化圏」vs.「非戦略型文化圏」の外交戦略と「地図」の関係

「近代の資本主義経済」とは一六世紀に西ヨーロッパで出現したが、端的に言えば、(1)オランダでよい羊毛布を作れる人々が出現した。(2)当時、ようやく農業の生産が上向きになったので、「地域交易」が発達しかけていた西ヨーロッパでは、それが売れるようになった。(3)その結果、羊毛布製造に携わる人々はそれを専業とした。そして、その規模を拡大したのである。(4)その周辺では、専業者に食料が売れるということで、商品作物栽培が出現した。(5)その結果、羊毛工場、商品の作物栽培地、自給農業地帯という特徴を持った「分業システム」が現れた。(6)この分業システムを加速、拡大したのが「資本主義経済」である。(7)西ヨーロッパに現れたこのシステムは、「産業革命」に力をえて、急速に拡大し、「拡散型ハード・パワー」に結びつく結果となった。東インド会社の出現を見ても分るように、このシステムは、やがて世界全体を覆った。歴史学者である入江昭は、「明治政府が、国際舞台に登場して日本の外交のかじをとろうとした時、日本国外では、このような潮流が渦を巻いていたのである」と述べている（『日本の外交』(中央公論、二〇〇〇年)）。(8)そして、世界各地に支店と工場が作られることに至った。これは、二一世紀の現代社会においても見うけられるシステムである。

経済学者であるイマニエル・ウォーラステインは『近代世界システム』という著書の中で、世界は常に一定の世界システムとして機能すると言う。ウォーラステインの理論では、それが「世界帝国」と呼ばれるものであり、「世界経済」でもある。つまり、世界には常に、「外部決定論」ともいえる巨大なシステムが出来上がっており、各地点（地域）はそのシステムの中に位置づけられているということである（『リベラリズムの苦悶イマニエル・ウォーラーステインが語る混沌の未来』(京都精華大学編、阿吽社、一九九四年)）。それはヨーロッパに源を見出すことができ、今では世界の隅々まで覆いつくしているという考えである。ウォーラステインは、「世界」は、「中央」、「準周辺」、「周辺」という三つの空間システムから成り立ち、各部分はそのポジションを守ることによって、この世界システムの中で生存しうることができ、また、それから逃れることができないという。これは、硬直した「宿命論的」理論ともいえる。

ところで、一方、アジアでは近世時代に異なる「国際体系」が出来上がった。アジア地域は西欧との「異文化交流」(cross-cultural or intercultural interchange) がほとんどないままに併存していた。また、あったとしても、それは表層的な異文化接触（contact）レベルにとどまっていた。アジアの国々にとっては、領域・領土意識、すなわち国境などの空間（縄ばり）に対するテリトリアル・コンセプトや「国防論」は、西欧の列強国家のものに比べると、あまり明確ではなかった。中世的権威からの解放を目指し、まず自らのパワーのおよぶ領土・領域（テリトリアル空間）を明確にしようとした。

例えば、中国における王朝国家では、中央集権体制のパワーの及ぶ範囲と「外部世界」との境界線は必ずしも明確ではなかった。また、日本は十九世紀半ば迄は、徳川の幕藩体制下にあり、四方を海に囲まれるという「自然的境界線」の中で、鎖国体制がとられていた。「鎖国」とは、言い換えれば、「外国との交渉」が存在しない、「ノー・ディプロマシー」（外交存在）を意味する言葉である。日本が「外交交渉」を含む「交渉が下手」というレッテルを貼られている理由の一つは、三百年にも及ぶ、諸外国との「異文化間交渉や交流」、それに、「外交折衝」がなかった、または、することが許されなかった事にも由来するかもしれない。

以上のことについては、北海道を含む北方地域に対する幕府の考えを見ても明らかである。徳川政府は国境に対する意識は希薄であり、航海をしようにも、艦船も地図もなく、小船で不確かな北方の海を進まざるをえなかった。西洋列強は、例えば、ペリー提督の率いた「東インド艦隊」、ロシアのプチャーチン提督の率いた「北の黒船」の航海行動や交渉行動パターンを見ても分るように戦略型外交を展開したが、その戦略型外交を推し進める上で必要だったのが、異文化の情報や他の国の「地図」である。彼らは特に、世界の「地図」を手に入れるために全精力と財源を費やした。一九八〇年代にシーボルト（長崎の出島に医師として滞在していたドイツ人）の所有していた地図がドイツのボン大学で発見されたが、ペリーがシーボルトに接近した理由は、アメリカの国家的外交戦略にとって「日本地図」

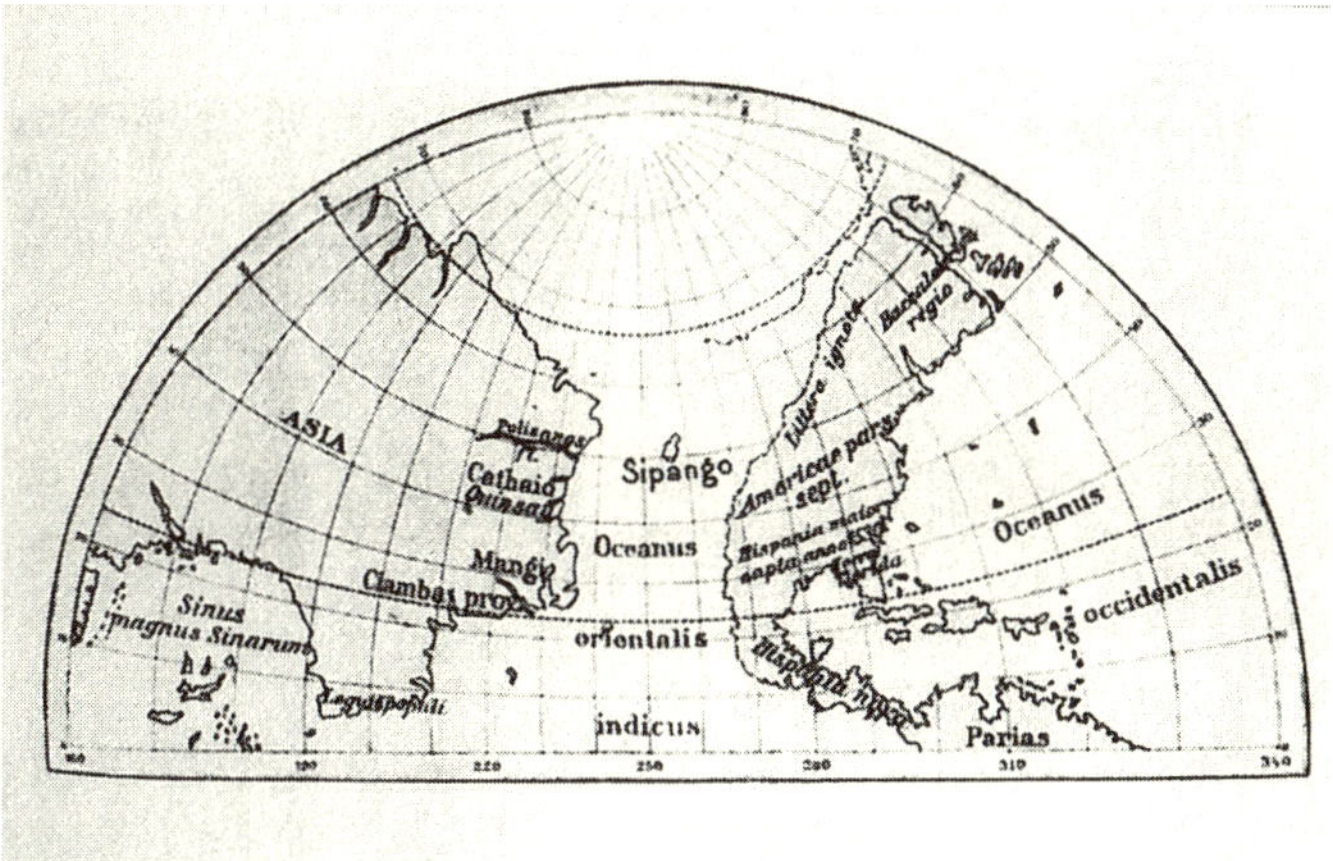

メカトールの世界図

を手に入れることが不可欠なことであったからである。

アジアの国々は、メカトールの作成した航海「地図」を保有していなかった。西欧列強の国が「戦略型文化圏」に属する、と例えることができるのであれば、アジア、アフリカ、その他植民地化された諸国は「非戦略型文化圏」に属するともいえる。

ところで、「鎖国」という「外交不在」の時期を経験した日本人の国際政治の舞台に見る行動パターンを、エドウイン・O・ライシャワーは、「リアクター」＝「レシーバー」タイプと説いたことがある（Speech on *Japan's World Role in 1970s*, Lewis & Clark College, Portland, OR.,1974）。その後、ライシャワーの影響を受けた国際政治学者のチャルマーズ・ジョンソンは、日本の国の姿を受身の「リアクター（反応型）国家」（reactive state）と捉えた。つまり日本は、他の国家の政策に自発的に対応するのではなく受身的に対応または反応する性格を持つ国であると指摘した。

言い換えれば、日本は常に諸外国からどう思われて、また観られているかに気を配ると同時に、国際的に孤立することを避ける傾向を持つ国と捉えたのである。日本は自らが追求する「国益」があっても、そうした国益追求よりも、国際社会の中において、全体の歩むべき進路や自らの立場を考慮することを優先しがちであるということである。ノーベル経済学賞を受賞した経済学者のアマルティア・センは、「人間の安全保障は、人間の『生存』と『生活』を（おそらくは、早死や、避けれられる病気、読み書き不自由による多大な不利益などから）守り、維持するもの」（『人間の安全保障』集英社、二〇〇六年）と指摘したが、チャルマーズ・ジョンソンの説く日本の「反応国家」理論は、日本にとっては「日本型国家安全保障」のコンセプトとも捉えられる。

再び話をもどそう。こうした中で、特に東アジアでは、「中華思想」のもとに中国を中心とした「朝貢関係」が形づくられ、一元的とも言える国際秩序が成り立っていた。当時の東アジアの異文化関係を見れば、「同心円状」に形づくられていた。その関係は、沖縄と中国との関係を概観しても一目瞭然である。しかし、その秩序は、一八四〇年に起こった「アヘン戦争」を機に、西欧列強の体制の中に組み込まれ終りをつげるという結果になる。イギリスがアヘン戦争の下に香港占領、ポルトガルが中国のマカオを占領することになる。またイギリスは、マレー半島ではゴムのプランテーションを作るため、スルタンと「交渉」して土地を取得した。借り入れをするグループもいたが、武力で強奪するものもいた。そして、キャプテン・クックなどに影響を受けた冒険家や探検家を募ったのである。中には、アメリカの金鉱を捜し当てる「ボナンザ」のごとく、一攫千金を狙ってプランテーションを開設するために本国から海を渡った者もいる。

一七世紀、ヨーロッパで始めて国際問題と取り組んだ「ウエストファリア体制」は、「国境不可侵の原則」に基づき「国際安全保障」を追及した。しかし、その後の世界の力の源泉は、領土獲得と結びついてきた。現代の世界の力の源泉は、ヘンリー・キッシンジャーも指摘したが、「領土」ではなく「技術力」である。今は、ＷＭＤ（大量破壊に領土拡大を意識的にすすめる国が存在することも事実である。

・「交易文化圏」は不確実性の海も進む

イスラム圏は、「商工型パワー」を備えた文化と言える。例えば、八世紀のアッバス朝は、今のイラクのバグダッドを中心に大発展と繁栄を遂げた。商工型経済は、歴史の中で独自の文化を発展させ、町は日本の江戸のように、人々であふれていたという。バグダッドでは四方に向かって街道が建設され近世が始ったのである。

高谷好一は、バグダットやその他のイスラム圏の主要都市では、「交易」を中心とした文明が発達したという。また、交易の担い手はイスラム商人が多かった。彼らは、たとえば中国へ宝石や金などを持って行き、中国からは絹や陶器などを運んだのである。また、製造業なども栄えた。交易活動は、それまでの差別の時代に革命をもたらしたという(『新世界秩序を求めて』〈中公新書、一九九三年〉。理由としては、それまで硬直化していた差別社会に一種の平等と実力の社会を招来せしめた。これは決してイスラム独占の貿易手法ではなかった。そもそもイスラム教には、人種を形づくる皮膚の色や、身分にはかかわりなく、誰でも改宗することができたのである。商才があり、実力さえあれば、交易システムの中で、誰でもいつでも出世が可能であった。「交易ルール」という約束ごとを前面に掲げ、あらゆる有能な有志を募ることによって、その交易網を拡大していった。九世紀から一〇世紀にかけては、このタイプの巨大文明が東アジアに到来していた。インドネシアの人口の九割近くがイスラム教徒であるというのは、そのためである。

一方(後で詳しく述べるが)、徳川時代に、ロシア人が日本に求めたものは自らの交易であって領土的野心を持つものではないという見解を、北海道の箱館奉行や当時のリーダーでもあった松平定信などは持っていた。松平定信の『非開拓論』を読むと、その考えが浮き彫りにされる。『非開拓論』には、蝦夷地（今の北海道）は、開発が容易ではないので、そのまま放置する方がよい。たとえ、外敵が侵入したとしても、長く大軍をとどめることは困難であり、また狙われることもないであろうというものであった。これは、あまりにも楽天的であり、国の安全保障や国益に関する危機管理のなさが浮き彫りにされた考えある。当時の幕府は、経済的にも外交、軍事的にも現実問題として迫ってくる異国船の来航という「外圧」に対処するには、あまりにも「無力」であった。「備えあれば憂いなし」という言葉があるが、日本側には「備え」つまり戦略型「国家防衛論」が存在しなかったのである。

異文化交流史・交渉史研究の課題

上記の解説でも明らかであるが、これまでの日本における異文化交流の研究を考えると、(1)異国、異文化の人々との間で繰り広げられる、のどかで「自然発生的交流」のあり方や、または、「文化伝幡、文化の共有」などを紹介するか、(2)または、相互に相手側の文化の国情を知らず表層的な文化交流を取り扱うものか、(3)相手方文化の社会や生活を法的、政治的レベルで明らかにする文献が多かった。

例えば、日本では古代以来、中国や朝鮮半島からの人々との文物の受け入れの交流、近代においては西欧からの貪欲な文化吸収などの交流史などは(1)にあてはまる。また、文化人類学者であるマリノウスキーの「クラ」の研究などは(2)に当てはまるといえよう。

しかし、欧米（特に昔の西欧列強）の国々の異文化交流とは、先でも述べたが、拡散型であり異文化の空間やテリトリーの空白を埋めるための「主体的」「異文化交渉戦略」を保持していたことである。

これについては、ロシアの歴史学者であるS・ズナメンスキーも同様な発言をしている。「ヨーロッパ人の地理的諸発見は、多くの場合新たに発見された土地や民族を、ヨーロッパのための収入源に転化する結果をもたらした」。また「新たに発見された土地を征服することが、何かの理由で不可能な時には、通商で満足し、その領土に商館を開く努力をした。そして、ヨーロッパ人に好機が訪れたとき、このような通商は征服へと移行した。その例が英領のインド史である。しかし当時は、通商のみでも非常に大きな利潤が得られたことは、ヨーロッパ人の中国や日本との交易をみても明らかであろう」（『ロシア人の日本発見』）。一七〇二年に日本漂流民から物語を聞いたロシアのピュートル一世も、「なぜわれわれが利潤の分け前にあずかっていけない理由があろうか？」と考えた。航海士達の異文化や未知への世界に向けた航海は、「世界周航戦略」と呼ばれるものであり、キャプテン・ジェームス・クックは南半球の空白、領域、テリトリーを一挙に埋め、ヨーロッパの世界戦略を方向づけようとしたのである。

掲載各章で各国の対日交渉戦略について論じるが、これらのことは世界史的に並列して起きていることを認識しなくてはならない。また、異国船の日本接近などについては巻末の関連年表に記したい。

第一章 ❖

異文化戦略交渉の諸類型
および互恵型戦略交渉の達人ケンペル

第一章　異文化戦略交渉の諸類型
および互恵型戦略交渉の達人ケンペル

異文化間に見うけられる戦略交渉とは、「利害関係、すなわち利益や損益の存在する二つ（もしくはそれ以上）の文化的バックグランドの異なるグループが戦略的に、駆け引き（トレード・オフ）を行いながら、勝ち負けではなく『利益を最大限』に、『損出を最小限』にする合意（歩み寄り）にいたるコミュニケーション・プロセス」のことである。

本書では、異文化間の「戦略交渉史」を「文化的背景が異なる人々、民族集団同士、又は国家同士が接触・交流し相互に影響しあった戦略的なプロセスを、コミュニケーションの視点から取り扱った歴史」としたい。

異文化交渉は容易なことでない。なぜなら、文化の境界を越えねばならないからである。一つの文化と他の文化が接触し、交錯し、交歓するのが異文化交渉であるならば、時としてその相互行為は火花を散らすせめぎあいとなる。異文化が交差する際には、葛藤、摩擦、違和感や不信がつきものである。

「異文化戦略交渉」において、異なる文化が接触する時の初期の行動には五つの種類の類型があり、しかもそれぞれに六つの要素が存在する。

そして、これら五つの交渉類型と六つの要素が組み合わさって、それぞれの特徴が形成され、異文化戦略交渉が進行していくと考えるのが筆者の持論である。

ここでは、それを「異文化戦略交渉の諸類型」と呼ぶこととする。異文化交渉の研究で見逃してはならないのは、「交渉を行うことと交渉を成立させることとは、別事である」という事である。まずは、「交渉戦略のマトリックス」についての若干の説明をすることから始めたい。

異文化戦略交渉の諸類型

異文化戦略交渉の類型は、次の五種類のスタイルに分類できる。

（A）「対抗型交渉」（contending style negotiation）

（B）「対称・競争型交渉」（symmetitive style negotiation）

※注（symmetrical competitive patterns of relationship。これは、文化人類学者であったグレゴリー・ベイトソンが同氏の著書「精神の生態学」の中で使用した言葉であるが、交渉の場 合の用語として symmetrical と competitive を統合した symmetitive style negotiation とする。）

（C）「互恵型交渉」（reciprocal style negotiation）

（D）「消極型交渉」（passive style negotiation）

（E）「自然発生型交渉」（voluntary-risen negotiation）の五つである。

一般に人々は、文化背景の異なる人々と遭遇した場合、試行錯誤しながら予測不可能な出来事、関係、物事に立ち向かわなければならない。その場合、異なった文化背景を持った人々、民族、国家同士は、上記の五つのいずれかのパターンに基づき異文化接触（intercultural contact）から交渉を始めると考えられる。ただし、強調すべき点は、たとえば、（A）の「対抗型交渉」で始まったとしても結果的には、（B）の「対称・競争型交渉」パターンに移行する場合もあるということである。例えば、「ペリーの対琉球交渉」などがこれに当てはまる。また、逆に（C）のフィフティ・フィフティの「互恵型交渉」パターンを維持し続けてきた民族グループが相手の意図や文化の価値観を理解できず、ささいな誤解から（A）の「対抗型交渉」パターンを越えて不毛な争いに発展し、時には一方の力によるもう一方の文化の征服に進むこともある。

これら五つの異文化交渉戦略の類型（スタイル）は、以下の六つの構成要素を含んでいる。すなわち、（1）交渉目的、（2）交渉態度、（3）交渉手段・方法、（4）相手に対する相互関係、（5）譲歩容認ゾーン、（6）相手の応諾が得られない時の交渉戦術であり、これら六つの要素の特徴は次のジャンルに図式化できる。

また、「戦略」とは長期的または連続的戦闘を通じて、いかなる選択、調整、管理法を用い目的を達成しようとしているかを見定め、その目的達成のためには戦闘を遂行すべきか、または回避すべきかを分析する作戦力のことである。

これに対し、「戦術」とは短期的に個々の戦場において、その場の戦闘を有利に展開させるための技術のことである。類型表におけるB6の「瀬戸際戦術」とは自他双方を悲惨な情況の瀬戸際に立たせ、相手の後退を余儀なくさせる戦術のことである。C6の「評価確立戦術」とは過去に相手を裏切ったことがないという評判を確立すること。または、

	1	2	3	4	5	6
交渉類型	交渉目的	交渉態度	交渉手段・方法	相互関係	譲歩容認ゾーン	相手の応諾が得られない時の戦術
対抗型 A	相手から強制的に利潤を取る 相手を支配	要求を強調。強制交換的 攻撃的	勝つために相手の環境分析を行う 意思決定者を選び代替手段を設定 （ゼロ・サム型）	敵対的で相手不信 ゼロ・サム関係	最小限	強制的交換 例「二〇〇六~七年の北朝鮮の対六カ国交渉への姿勢・態度」 一方または双方が消滅
対称・競争型 B	少しでも相手よりも自分に有利な利潤を取る	ゲーム的に問題探求し実利を追求。 変動交換的	相手に負けないよう環境分析を行い論争（DEBATE）や政策論で相手を説得	相手を競争者とみなす。時には相手を支配、相手は服従	少ない	制裁をちらつかす事もあり 瀬戸際戦術も時には使用 例「一九九四年日米自動車交渉」
互恵型 C	双方の利潤を考慮する	双方の目的と問題点を政策に模索し、双方で決着	相手の面子を考慮し対話を通じて問題を共に探る （ウイン・ウイン的）	相互依存で協力的	最大ー多い	対話を重視し交渉の際代替案を考慮する「評価確立型」戦術 例「米ロ宇宙開発交渉」

消極型 D	自己の利潤か双方の利潤を相手に合わせる「レーダー型」	相手の出方を観察しながら双方の問題点を探る互酬交換的	その場の状況と相手の行動を「レーダー」に基づき考え行動	相互依存か相互補充的	最大―最小限	再交渉を申し込む。しかし相手によっては渉は不成立。例「昆布ロード」
自然発生型 E	双方の利潤交渉目的を探る	非公式に双方の非戦略的方法	成り行きに任せる相互補充的	相互依存か相互補充的	最大―最小限	交渉不成立もしくは再度話し合いに基づき代替案を検討する「メリット」。例「バーター交易」

これまでの実績を積み上げ評判を確立し交流を有利にすすめようとする戦術のことである。また、E6の「メリット探求戦術」とは、その時の情況にあわせ、双方の利潤を探求する交渉戦術のことである。

これら「異文化戦略交渉」において注意すべき点は、交渉者同士が互いに相手に対して取る態度であり、その態度が交渉の結果を大きく作用することである。例えば、自己中心主義的態度は、一般に（A）の「対抗型交渉」と（B）の実利追求型の「対称・競争型交渉」に見られる特徴であり、この態度は文化背景の異なる交流相手を否定的に解釈してしまうことにつながりやすい。こうした否定的解釈が自分達を更に正当化し、対立する利害関係を強調してしまう結果になりかねない。

以下、本章では、（C）の例として互恵型戦略交渉の達人ケンペルを考察したい。

互恵型戦略交渉の達人ケンペル

一六三九年、徳川家光がポルトガル船の来航を禁止し、鎖国体制が完成してから二二〇年後の一八五八年に、アメリカ総領事ハリスと下田奉行との間に日米修好通商条約が結ばれ、それを機にイギリス、オランダ、フランス、ロシアとも同様の条約が結ばれて日本の「開国」が始った。

では、三〇〇年にも及ぶ鎖国体制の間、諸外国において日本に関する知識はどのようなものであったのであろうか。その情報の根底には常に、エンゲルベルト・ケンペルというドイツ人医師の残した業績『廻国奇観』と『日本誌』が影響を与え続けていたということを、今改めて思い起こす必要があると信じる。

ケンペルが、いかにして日本に来ることになったか、その運命ともいうべきいくつかの要因を思い起こし、また、鎖国体制の下で、どのようにして禁制品をも含む貴重な資料を持ち出すことができたのか、そのなぞに焦点を当て、ケンペルの交渉戦略にも注目しつつ考察する。

エンゲルベルト・ケンペルは、今から三〇〇年前ほど前の一六九〇年の九月から一六九二年の十月までの二年間、日本に滞在し、日本と日本人を観察して、日本に関する膨大な資料と情報を集め、そして遺したドイツ人医師である。

その頃のヨーロッパのアジアに対する関心は、まだ中国に集まっており、日本についての情報というと、北京を中心に活動していたイエズス会の神父を通してのカトリック教会側からみた主観的な日本像であった。

これに対してケンペルは、本人がプロテスタントの牧師の息子でありながら、非常に客観的な目でとらえ、「ポジィティブな日本観」を持ち、それに初めて近代的調査研究を加えて分析した。

ケンペルは、一六五一年北ドイツのレムゴーという町に、プロテスタントの次男として生まれた。そのころのヨーロッパは、三〇年戦争が終わったばかりで、ドイツは人口も半分に減り、土地は荒廃していた。

彼は、教育熱心な家庭環境に育ち、町のラテン語学校で基礎教育を受けた後、北ドイツのリューベックなどの高等教育の学校を経て、ポーランドのカラカウで哲学や歴史を学び、プロシアのケーニヒベルクでは、自然科学と医学を志したが、ここでは医学博士号は取らずに、さらにスウェーデンのウプサラ大学に移り、哲学や科学を研究した。このため、ケンペルは語学面においても、幼い頃からラテン語、ギリシャ語、ドイツ語をはじめとし、オランダ語、スウェーデン語、さらに大旅行に出てからも、トルコ語、タイ語、アラビア語などを習得した。そして、このことは、彼の実践的、かつ科学的な研究とともに、彼の旅を単たる探検家の旅から学者の旅へと変えた大きな要因となったのである。

ストックホルムに着いて半年後、ケンペルはスウェーデン国王派遣のロシア、ペルシャ使節団の秘書官に任命される。いよいよ、彼の人生において、ハイライトである一〇年にも及ぶ大旅行の始まりであった。

ストックホルムを出発したその日からケンペルは日記をつけた。鋭敏な観察の才能、細かな事柄に対する好奇心、そして、何事にも科学的な説明を加えたいという欲求のおもむくまま、彼は様々なことを日記に書き込んでいった。

使節団の一行は、直接ペルシャに行く前にロシアに入って、ロシアの宮廷を表敬訪問し、この時、当時一二歳になるピュートル大帝にも謁見している。

ケンペルにとってのヨーロッパと中東

ロシアは、単に地理的な意味でのアジアへの中間地点ではなく、精神的、心理的な意味において、ケンペルにはじめて異国を感じさせたらしい。

ロシアの人々は確かに外見上は、ケンペル達とあまり違いはなく、信仰する宗教も同じくキリスト教であったが、そこの人々の信仰の表し方は異質なものであった。

ケンペルは宗教の儀式の中では、畏敬される神そのものだけではなく、民衆の精神もまた表現されているのであると学んだ。そして、彼はロシアに立ち寄ったことによって、後にめぐり合う、インド、タイ、日本の非キリスト教的なさまざまな宗教を先入観や嫌悪感なしに研究することができるようになったのである。

ペルシャ滞在期間中、ケンペルは医師として、また学者として非常に丁重に扱われ、ペルシャ皇帝の謁見も数回にわたった。また、この頃には彼の地形図を描く腕前もかなり向上し、建物や道路の大きさは自分の一定の歩数で計測したり、四分儀を取り出して、正確な経緯を計測したり、はたまた、見たこともない植物を見つけると、それを学術的にスケッチし文章で描写したりした。これらのたゆまぬ努力と訓練が後に日本において、江戸への道中の地形を綿密に描く基礎となったのであった。

ところで、ケンペルの属していたスウェーデン使節団の目的は、当時ヨーロッパに脅威を与えていたトルコに対抗するため、各国に援軍を依頼することであったが、これは果たすことができなかった。

このスウェーデン国王の期待に応えることができないという思いと、抑えきれない自分自身の知識欲が、彼をヨーロッパに戻らせず、インドへと向かわせたのである。

一六八四年一二月、ケンペルはイスファハンにおいて、オランダ東インド会社専属の外科医に任命される。このオランダ東インド会社というのは、一六〇二年オランダの色々な港町の貿易会社が相互発展をめざして、組織した一つの企業体であった。

この企業体は、東インド会社（略してＶＯＣ）と称し、当時、強大な勢力を持っていたポルトガルの海上勢力に対抗しようとしていた。そして、この会社は武力を行使し、ポルトガルから次々とアジアにおける貿易の拠点を奪っていた。ＶＯＣの総資本金は、この二年前に設立されたイギリスの東インド会社の資本金の一〇倍程もあり「国家の中の国家」とも言われたりした。武装したオランダ東インド会社の船団が味方についてくれるかどうか、また、この会社が財政的に援助してくれるかどうかで、世界の七つの海でくり広げられる戦争の勝敗が決定したとさえ言えた。

そして、この圧倒的な力によりオランダ東インド会社は、喜望峰以東の貿易を独占し、独自の裁判権を持ち、本国からの許認可なしにアジア諸国と自由に協定を結ぶ権利を手に入れていった。実際、一六八一年から一六九一年までの一〇年間にオランダからアジアに航行した船舶の数は総計二〇九隻にものぼり、社員の数はバタヴィア関係だけでも、ケンペルの勤務していた当時には一八、〇〇〇人以上にのぼっていたという。

したがって、東インド会社の各商館は海上交通で、数日、あるいは数ヶ月を要するほど離れていたため、この巨大企業体を維持運営するために厳密な事務施行規則がもうけられていた。

オランダの対外政策と商館の狭間で

その最も重要なものとして商館長が毎日記録する「商館日記」があった。これは、各商館からバタヴィア（今のジャカルタ）に設けられていた本国の代理事務所的な「アジア政庁」に送付され、その抜粋がオランダ本国の本社に送られ、また日記の写しは各商館で保管され、新任の者が参考にする資料として使われた。この商館日記は、特にケンペルにとって重要な情報源となり、特に日本の商館日記に書かれていた様々な記事は、かつて日本で起こった出来事について知るために非常に信頼できるものであった。

スウェーデン使節団秘書官の地位をすててまで、オランダ東インド会社に入ったケンペルであったが、思惑どおりには事は進まず、二年半程、バンダル・アッパースで辛抱し、ようやく期待に胸ふくらませて着いたインドのクイロンでは、調査・研究を願っていた壮大な遺跡や王侯たちの住む宮殿のある大陸内部に行く機会にもめぐまれず、彼にとってはインドは失望の地となった。その上、アジアの真珠といわれるまで故国オランダのように美しく居心地のよいバタヴィアに着いても、ケンペルの勤務場所はバタヴィア湾内のオンルスト島という小さな島であった。彼は、また失望した。

尤も、オランダ東インド会社側からみるとケンペルのような、本職よりも自分の研究の方を大切にする人間は困り者で、そのような人物に重要ポストを与えることはできない相談であった。

しかし、ついに失望続きのケンペルに思いもかけない日本勤務の話がもたらされた。その話の提供者は、ヨハネス・カンプホイス（Johannes Camphuis）という、当時のバタヴィア総監で、彼は日本に三度勤務したことがあり、バタヴィア湾の小さなアイダム島に日本家屋を建てたほどの日本びいきで有名であった。そこには、日本から持ち帰ったと思われる珍しい植物が植えられている菜園もあった。

ストックホルムを出発した時には、頭の片隅にもなかった閉ざされた国、「日本」へ行くという決心をケンペルにさせたのは、カンプホイス総督の影響が非常に大きいことは疑うまでもない。

将軍綱吉に謁見し舞踊を披露するケンペル

一六九〇年九月、三九歳のエンゲルベルト・ケンペルは、ついにオランダ東インド会社、日本商館の外科医として、長崎の出島に赴任したのであった。赴任後、短期間のうちにケンペルは日本での生活を大いに気に入った。鎖国体制のもと、常に多くの役人の管理下にはおかれてはいたものの、時間的にはゆとりがあり、その時間を仕事にしろ、個人的研究にしろ、使うのはケンペルの自由であった。ここは、彼のあくなき探究心をさらに刺激し、知識欲の炎をじゅうぶん燃え上がらせる絶好の土地となり、出島という限られた場所に隔離された生活のため、集められた資料は多くはなかったが、かえってそれを充分整理し、研究するだけの時間的ゆとりがあった。

こうしてケンペルは、二年間に及ぶ日本滞在中、日本の風景、地形、動植物、政治、宗教、風土、庶民の生活にいたるまで詳細に、綿密に、正確にスケッチと文章に書きこんでいった。また、毎年行われるオランダの日本商館長による「江戸参府」にも二度同行し五代将軍であった徳川綱吉に謁見し、歌と舞いまで披露している。そして、その様子のスケッチは今では最も有名な遺作の一つとなっている。

さて、ケンペルの帰国と共に日本国外に持ち出されたこれら膨大な資料は、どうなっていたのであろうか？　このうちケンペルの持ち出した地図類は、かの有名は『日本誌』が出版される以前にヨーロッパの東洋研究者達に多く利用された。

また興味深いことは、ケンペルの持ち出した四枚の日本地図のうち二枚は、北海道の形がわりとはっきりと書かれ、もう二枚は間違って松前と蝦夷（北海道）が別々の二つの島として書かれており、『日本誌』の中にはその両方が使われている点である。

一七一二年、まずアジア全般の博物見聞記である『廻国奇観』がラテン語で出版され、その中の一つの章に『鎖国論』が含まれていた。

ケンペルは、この本の中で日本の鎖国に対し非常にポジティブな考えを示し、鎖国は民族が平和的に、経済的に豊かに、そして精神的に自由な生活を送っている以上、十分納得できる政治的決断であると述べ、さらに日本は島国なので地理的隔離にむいており、このことで外国からの侵略を防ぐことに成功していると述べている。ちなみに、この『鎖国論』は、「鎖国」とい用語が使用される原典となった。

ケンペルは一七一六年に六六歳でその生涯をとじたが、一七二七年には彼のつけた『今日の日本』という題名ではなく、『日本誌』と題されて英訳され、ベストセラーとなり、これを機にオランダ語、フランス語、ドイツ語の訳本が次々と出版され世界に広まっていった。この『日本誌』は、それまでのヨーロッパ人の日本研究を一新するものであり、ドイツの哲学者ゲーテ、カント、フランスのモンテスキュー、ヴォールテール、イギリスのラッフルズ、アメリカのペリー提督など開国以前における欧米人の日本観形成の基礎となった。特に、日本遠征に出発したペリー提督はシーボルトの著作を購入すると共に、ケンペルの本も大切に携行したと言われている。

一方、日本にも一七七〇年代後半には、オランダ語版の『廻国奇観』や『日本誌』が入ってきており、一八〇一年にはオランダ通詞であった志築忠雄が『鎖国論』を日本語に訳し、『日本誌』も一八〇八年に高橋景保によって訳されていることが分っている。こうして、これらの本は多くの日本人に読まれるようになった。特に『鎖国論』は幕末の日本において、ケンペルのそのポジティブな姿勢が攘夷論者の支持を受け、反対に長い戦争の世紀を終え、啓蒙思想が発展するにつれて、ヨーロッパではネガティブな批判を受けるようになることは、皮肉なことであった。

ケンペルの異文化資料収集力

いったいケンペルは、どのようにして多くの資料を収集したのであろうか？　ここでは、ケンペルの対人交渉スタイルを少し検証してみたい。

ケンペルの交渉スタイルを本章において示した交渉戦略スタイル表にあてはめると、互恵型交渉スタイルにあてはまる。これは、二〇〇六年に日本の安倍首相が就任後に対中・韓にとろうとしていた姿勢と同じであるといえる。交渉のスタイルの中では一番理想に近い。

ケンペルは、相手に好感を抱かせる立居振舞と、内面からわき出る魅力的な人間性のおかげで、これまでも行く先々で最高の人間関係をつくってきた。

ペルシャでは、ある人に「あなたの眼には魔法の力がある。あなたの眼差によって、すべての人があなたを信頼するようになる」とサイン帳に書かれたほどであった。日本滞在中のケンペルは、上役人達や通詞達との人間関係において、天性の魅力を示めしたほかに、ある努力をおしまなかった。その努力とは、彼らとの間に特別な信頼関係を築くという努力があった。ケンペルは出島に赴任前、バタヴィアで日本に詳しいカンポホイス総督からある程度の日本知識は得ていたので士農工商という日本の身分制度を理解していた。つまり、自分の仕えてるオランダの商人は、日本では一番下に位置づけられていると承知した上で行動を取ったのである。

そして、ケンペルは人々に天文学や数学を無報酬で教えたり、無料で日本人を診察したり、薬を与えたりした。さらに、日本人の来客には彼らの好む甘いリキュールを振舞った。しだいに、毎日のように上役人や通詞達がケンペルの家に訪れるようになり、ケンペルと二人っきりの時などは、ケンペルのどんな質問にも答えないことがないほどの友好関係が築かれていたと、ケンペル自身『日本誌』の序文の中で述べている。

今村源右衛門英生の貢献

しかしながら、いかに人々に好かれる天性と、努力があったとはいえ、あのような異文化に対する驚嘆すべき調査研究や禁制品の数々の収集・採集は、一人ではできるはずはなく、ケンペル研究者の誰もが抱く謎であった。若く優秀な助手がそばにいたことは早くから知られていたが、ケンペルの遺稿にも、オランダ商館日記にも、それらしき青年の名は一切記されていなかった。鎖国政策の禁の厳しかった当時において、後日、彼に迷惑のかかることを畏れたためだと推測されていた。

それまで何人かの候補者の名前は上がってはいたが、一九九〇年、ようやくこの青年は後に新井白石とイタリア人宣教師シドッチとの会話を通訳した今村源右衛門英生であると判明した。

オランダ語通詞を父に持つ今村源右衛門生英生は、一一歳頃から出島入りし、医学を修得するという名目で、ケンペルの小使い兼助手として雇われた。ケンペルは二〇歳前後の源右衛門を非常に気に入り、まず、彼にオランダ語の文法を一から教えた。半年後には、源右衛門は他の誰よりも上手にオランダ語を話すようになったという。そして、二人の間には雇用関係というより、むしろ共同作業の仲間的な強い信頼関係と絆が出来上がっていった。

源右衛門はケンペルの依頼があると、見つかれば死罪は免れないという身の危険を犯しても、文献資料の持ち込みや翻訳作業をし、さらに日本の位置や状態、政府、制度、宗教、歴史、家庭生活などについて詳しく教えた。これに対しケンペルは、源右衛門には「語学」と、解剖学や薬学など「医学」そして「巨額の年俸」を与えた。

二度にわたる江戸参府の旅にも、ケンペルは源右衛門を同行させており、彼がいかに信頼され、かつ必要とされていたかが伺える。こうして、「互恵型」戦略交渉スタイルを使い、今村源右衛門を通じて得たケンペルの理解、知識によってヨーロッパの人々は、はじめて極東の日本および日本人を組織的に理解することができ、一方、今村源右衛門は、抜群の語学力を得て、やがてシドッチ事件で新井白石に世界情勢を伝えたり、八代将軍吉宗が推進したペルシャ馬輸入を担当して、海外世界を日本に紹介し、日本における蘭学界の水準を高めた。ケンペルと今村源右衛門の出会いは後世にとって非常に大きな意味があると言える。

第二章 ❖ 北太平洋と山丹交易の諸民族関係史

第二章　北太平洋と山丹交易の諸民族関係史

この章では、「自然発生型交渉」で始まった一つの異文化交流が、時代と共に中国の朝貢交易と深くからみあい「対称・競争型交渉」へと移り、さらには「対抗型交渉」へと変わっていった一例を取り上げてみたい。それは、中国大陸、サハリン、北海道と本州に住む諸民族の間で行われていた山丹交易である。

サハリンと大陸との間に「間宮海峡」（タタール海峡）がある。この海峡の最も狭い部分は、冬季には凍結によって往来が可能になる。日本列島の大陸への玄関は南の北九州や西南諸島だけであったと一般に思われがちであるが、実際にはこの北方の経路による異文化交流が、南方経路と同じく先史時代より絶えることなく続いていたのである。

ちなみに、遠い昔シベリアにモンゴロイドの集団が存在していた。彼らは太古から南下を繰り返し、中国へ、東南アジアへ、オセアニアへ、新大陸へと移住した。彼らの中で、五世紀から九世紀にかけて、舟を巧みに操り、サハリンや隣り合うアムール海沿岸、千島列島などへ移住したのがオホーツク人である。日本には奈良、平安朝などが、中国には唐や渤海などが存在していた時代、オホーツク人は北の海を縦横に巡り、これら古代国家との交易を担っていた。この時代の北海道の遺跡から青銅の鈴や帯飾り、本州渡来の刀や紡錘車などが出土するのはそのためである。

その後、数世紀を経てこの経路を通じて行なわれた日本と大陸との交易、異文化交渉に重要な位置を占めていたものに、中国産の絹織物として知られている「蝦夷錦」がある。

日本が鎖国政策をとっていた一七世紀から一九世紀にかけて、半ば公然と中国産の錦が主要な交易品として取引されていた背景には、中国、サハリン、蝦夷地に住む諸民族の異文化交流が存在している。

以下では、自然発生的に始まった山丹交易とその歴史、山丹交易を担った中・露・日の諸民族の異文化交流のパターンと、そして、これまで山丹交易の中でもベールに包まれていた、清朝の朝貢に基づく対抗型異文化交渉について考察してみたい。

山丹人とは

「山丹」という語は、中国のアムール川下流地域の住民をさす「ジャンタ」が訛化して一般に広まったというのが有力な説であり、山丹とはウリチ民族のことと言われているが、その周囲に住むナナイやニブヒ、時にはアイヌ民族を含めた人々の集団と捉える場合もある。

人類学的にアムール地域に居住していた民族の分布を見てみると、「山丹人」とはウリチ、ウエデ、ナナイ、ニブヒ、ネギタール、オロチの各民族のことである。言語学的にこれらの民族を見てみると、ニブヒ以外の諸民族はアルタイ語族ツングース、満州グループに分類される。ナナイはアムール川下流地域及びウスリー地域、ニブヒはアムール川下流地域及びサハリンという分布になる。

民族学の資料によれば、これら諸民族の生活基盤は大河と広大な森林地帯を背景とした漁労、狩猟で、すべての自然物に霊魂の存在を認めるアミニズムと、自分たちの先祖霊を熊や虎に求めるトーテミズム、さらに人間と霊魂の間に仲介者としてシャーマンが存在するシャーマニズムが、共通する信仰として定着していたという。しかしながら、かれらの精神生活面においては、漢族や満州族の影響も非常に強く、山丹人の至高神は「エンドウリ」と呼ばれるものであり、それは満州族の至高神でもある。

また、彼らは神や精霊を描いた聖画像「ミオ」を保持しており、そこに描かれている神々には中国の民間宗教の中で神となったと伝えられる三国史の英雄関羽がいる。「ミオ」という言葉は、漢語の「廟」(miao)に由来する。

山丹交易とは

「山丹交易」とは、どういうものであったのであろうか。山丹交易とは、一七世紀から一九世紀にサハリン南部と蝦夷地の北部で、アムール川下流からサハリンにかけての周辺民族と、サハリン・蝦夷アイヌ及び松前藩、後に江戸幕府との間で行われていた交易のことをさす。

山丹交易は、人類学者である佐々木史郎によると、非常に特異な交易であったという。それは、人々を世界規模の文化交流の渦に巻き込んできた「絹」と「毛皮」という二大商品が同時に往来した交易活動で、山丹交易の道は「シルクロード」(絹の道)でもあり、同時に「ファーロード」(毛皮の道)でもあった。ヨーロッパから中央アジアを経て、中国に至るシルクロードは、さらに朝鮮半島を経て日本にまで達するとされているが、日本への道には、中国東北地方からアムール、サハリンを抜けて、北海道に達する「北の道」もある。それが、一八～一九世紀には、シベリアからアムールやサハリンを経て中国へ、また、カムチャッカから千島を経て北海道へとつながる「ファーロード」(毛皮の道)と融合したのである。

実際、一八～一九世紀の近世の一定期間、中国、満州からの繊維や金属製品の流通は、事実上アムール川下流とサハリンの住民の生活を支えていた。北方民族とアイヌ民族、松前藩との間で流通した交易品の量は、想像をはるかに上回る量であったことが近年明らかになっている。

また、「山丹」は、江戸時代の日本人にとっては蝦夷やサハリン以上に異国情緒に富んでいて、この交易がもたらす蝦夷錦を武士や町人は盛んに愛用した。

ウイルタ族の山丹交易

山丹交易を論ずる際に忘れてはならないことは、この交易を通して異文化間の犠牲者となった民族が数多くいたことである。

サハリンに住んでいたアイヌとウイルタ（ツングース系のトナカイ飼育遊牧民のオロッコ族）の例などは、そのことを如実に物語っている。戦前、日本が統括していたサハリンの中部に、アイヌ民族とは系統や言語、習慣の異なるウイルタ民族が境を接して住んでいた。この両民族は、かつて両者の間に起こった異文化的誤解に基づく悲惨な闘争の物語を口碑として伝えており、日本人はそれを「ウイルタ曾我物語」として記録している。

「ある時、夫婦と男の子のウイルタの三人家族が、アイヌのコタン（村）の近くに夏の家を構えました。ウイルタの夫婦に二人目の男の子が生まれたので、アイヌの人たちが出産祝いに訪れました。ウイルタの夫婦は喜んで、滅多に殺さない貴重なトナカイを屠殺し、一番のご馳走である内臓を客に振る舞いました。ところが、トナカイの内臓など食べたことのないアイヌの人たちは、人間の胎盤を食べさせられたと勘違いして憤慨し、皆でウイルタの夫婦を襲い、惨殺してしまいました。男の子は赤子を連れ、トナカイに乗って逃げて難をのがれました。やがて成長した二人の男の子は、トナカイを駆ってアイヌのコタンに夜討ちをかけ、コタンの人たちを皆殺しにし、両親の仇討ちを果たしたのです。」

この「ウイルタ曾我物語」は、文化的背景が異なる二つの民族集団が隣接して住み、友好的に交際する姿と、一転して、善意に発しながら文化の価値の違いに基づく誤解により、悲惨な殺し合いに至る姿を物語っており、「異文化破壊」（Intercultural disaster）の一例といえる。人類の歴史の影の部分には、このような文化を異にする小集団の交流の難しさを示した物語が数知れず眠っているのではないだろうか。

一九四一年の調査では、ウイルタ族の総人口は四百人余りであったが、一九九八年の調査では三百人である（「守りたい少数民族」読売新聞）。彼らの住む土地は日本や旧ソ連の領土とされ、伝統的な社会は外部からの政治経済上の圧迫を受け、大幅な文化的変容を強いられたのである。文化変容をする前の伝統的な社会は、父系氏族を基本単位とする親族関

オロチの川舟と蝦夷錦

係に基づいていた。そして氏族を単位として相互扶助の慣行を発達させていた。彼らは文字文化を発展させなかったが、天性の記憶力が口承文芸を発達させた。ウイルタにとって宇宙は天上・地上・地下の三界からなり、人間の住んでいるところは地上の一部に過ぎなかった。一本の巨大な世界樹がこれら三界の中心を貫いていると信じられていたという。

山丹交易の経路は、サハリンの西海岸からアムール川に沿うものでもある。北海道とサハリン南部にはアイヌ民族が居住しており、サハリン中部から北部にかけてはウイルタとニブヒ、そしてアムール川の下流地域にはニブヒ、ウリチ、ナナイの各民族などが住んでいた。ただし、彼らは中国、朝鮮、ロシア、それに日本という国家に囲まれ、交易品に事欠かず、さらに黒貂《クロテン》の毛皮などの特産物があったことから、どの民族も異文化交流を通じて交易に関与していた。L・シュレンクの研究によれば、これらのグループの中で最も商才のあったのがウリチとニブヒであり、彼らは大陸とサハリンを股にかけ積極的な異文化交流活動を繰り広げていたという。

松前藩とアイヌと山丹交易

北海道の松前藩の正史『福山秘府』によれば、一四八五年にサハリンから銅雀《シャク》台の瓦硯が伝来した。これは、中国製品の北方からの流入を示す最初の記録とされている。

一五世紀中頃から北海道南部も戦国時代を迎えたが、館主と呼ばれる小豪族を統一した、後の初代松前藩主となる蠣崎《カキザキ》慶広は、一五五一年にアイヌと講和を結び、松前城下での交易にかかわる協定を結んだ。蠣崎氏は、豊臣秀吉から松前に出入りする商船から船役（税金）を徴収する権利を認められていたが、徳川幕府開府の翌年一六〇四年に、家康からアイヌ民族との交易独占権を認める墨印状を与えられた。これにより蝦夷島の島主としての地位が確立し、姓を松前に改めたのである。

一六三三年に三代将軍の家光の手で鎖国政策がすすめられると、松前に渡来する諸国商船のアイヌ民族との直接交易が禁止された。これに対応して松前藩は蝦夷地と和人地を分け、境界に関所を置いて両者の交易を制限した。一六六九年のシャクシャインの戦い以後は、商場に派遣できる商船は夏船一隻に制限された。

ところで松前藩は、一定の利益を確保し、また密貿易の嫌疑をかけられないように、山丹人と直接取引するのではなく、アイヌ民族を介在させるという巧妙な交易パターンを取っていた。松前藩は、まずアイヌに鉄器などの生活必需品の前貸しを行い、青玉、錦、鷹羽などの山丹来品を受け取り、さらに翌年それに見合った海獣や狐の毛皮を回収したという。山丹交易品は、アイヌの人々の手には残らない仕組みであった。借財がかさみ、そのかたに大陸に連れ去られていくアイヌも少なくなく、彼らが山丹に組み入れられ、交易の際に通訳を務める事例が、幕府の文書に記録されている。なお、幕府の松田伝十郎のように松前藩の政治力のなさを見抜き、一八〇七年に交易改革に取り組もうとした人物もあらわれるが、次第に陰を潜めることになる。ただし、伝十郎はアイヌの人々が背負ってきた山丹商人に対する負債を解消し、サンタン商人に対する支払に幕府の保証をつけることには成功する。こうした形で、山丹交易は幕末まで続いた。

山丹交易は両端を清朝と徳川幕府という二つの政府に統制されていたが、その間で異文化交流が続き、また、中国と日本から絶えず交易品が供給され物資が絶え間なく流れていた。佐々木史郎は、幕府と清朝が北方の国境を確定せず放置していたために、国家によって交易路が断たれることがなかったと分析する。

間宮林蔵

間宮林蔵の山丹交易の観察記録

間宮林蔵は、『東韃地方紀行』の中で、一八〇九年のデレンの仮府における異民族間交易の記録にかなりの紙面を割いている。それによれば、デレンには夏の二ヵ月間、交易管理のため役人の出張所「満州仮府」が設けられていた。川に面して丸太の柵が一四、五間（二六～二七メートル）四方に二重に張りめぐらされ、その中で少数民族の人々が持ち寄った品々を交換していた。林蔵は、その交易所の賑わいに驚いたという。仮府の中では、役人が朝貢に来た少数民族の人々から黒貂の毛皮などを受け取り、見返りとして「錦」などを与えていたのである。林蔵は、「進貢の礼は、下官夷棚門に出て、諸夷のハラタ・カーシンタの類一人づつを呼出して仮府に去る。上官夷三人府上に卓子三局を設け、是に腰をかけて其貢物をうけ、諸夷は笠をぬいで地上に跪き低頭すること三次、し終て其貢黒貂皮一枚を奉する」と記録している。これに対し、役人はハラタ（部族長）には錦七尋（約一二・六メートル）、カーシンタ（族長）には厚手の絹である緞子四尋（約七メートル）を「賞賜の物」として与えている。遠路はるばる朝貢に来たとはいえ、毛皮一枚に対する見返りとしては破格であるといえる。

当時、仮府には五百から六百人にもおよぶ人々がおり、彼らは仮府の郊外に白樺の樹皮を用いた小屋をつくり、五、六日滞在し、交易が終われば引き上げて行った。ドナルド・キーンも間宮林蔵のデレンの仮府における交易記録について次のように記述している。

…for the annual tribute mission of some Ainu and Giliak natives was just about to leave Karafuto for Deren, Manchu trading station on the Amur. Mamiya joined the mission and discovered Daren to be the source of Chinese goods that were finding their way into Hokkaido under the name of 'Ezo brocades' …Mamiya was well received by the Manchu officials and permitted to travel freely in the area. At the end of 1809,he returned to Matsumae, where he spent the following year collaborating with a young official named Murakami Teisuke on two books describing his travels, works of considerable ethnographic interest even today. (Donald Keene "The Japanese Discovery of Europe, 1720-1830")

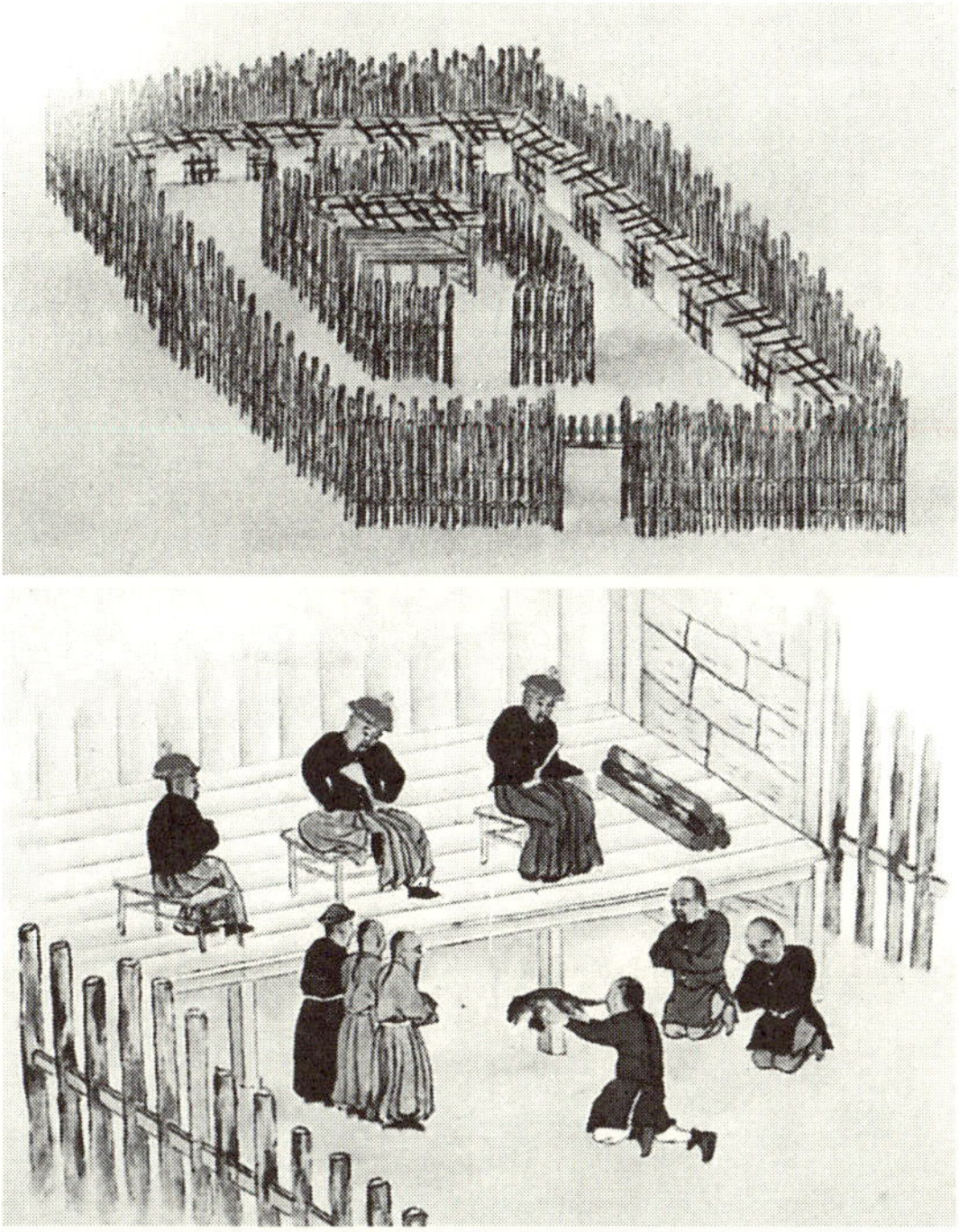

デレンの仮府

「…幸運にも、丁度アイヌとギリヤークの人々の毎年恒例の進貢使節が、アムール沿岸の清国の交易所であるデレンに向かって出発しようとしていた。そこで林蔵は彼らに同行し、アムール川を遡行し、丸太の柵をめぐらしたデレンの仮府に到着した。そこで、林蔵は蝦夷錦という名称で蝦夷地（北海道）に入ってくる中国製品は、デレンからもたらされたものということを知った。林蔵は、清朝の官人の手厚い歓迎を受け、この地域周辺を自由に旅行することが許されたのである。彼は一八〇九年の末頃に松前へ戻り、翌年はそこへ滞在し、村上貞助という若い役人の協力を得て、今日でも民族学的に大変興味深い文献と言われている二冊の旅行記を書き上げたのである。」

清朝の戦略的対異文化交渉政策

「自然発生型交渉」で始まった山丹交易も時代と共にその様子は変わっていった。山丹交易は、前述のように中国のアムール川下流地域に住むウリチなど北方民族を撫育するために、錦や青玉などを与え、貂皮《テンガワ》を納めさせるという交易のことである。

毛皮などを持参して支配下に入る意思表示をしてきた者に対し、恩賞を与えて慰撫するやり方は、中国の歴代王朝が古来から行ってきた遠隔地の間接的な統治法であった。アムール川下流では一三世紀の元の時代から始まったといわれ、明、清もこの伝統を維持したのである。

大陸では、特に秦の中国統一以来各王朝が最も苦慮したのが、中国の外辺部に居住する遊牧民や狩猟民族との異文化接触と交流に関係した諸問題であった。中国の歴史書では、これらの諸民族はことあるごとに農村地帯である中国に侵入し、その対応のため王朝が衰退、もしくは滅亡するという歴史を繰り返していた。秦の始皇帝の時代から明の時代まで永々と築きあげてきた万里の長城が、その歴史を如実に物語っている。

以上のように、各王朝は武力による制圧とともに、周辺諸民族の撫育策として「朝貢交易」を行うことを伝統的な政策としてきた。朝貢交易の基本とは、まず諸民族の種族の長に中国の官職及び印信を授けると共に錦などの下賜品を与え、諸民族からは馬や毛皮などその地方の産物を貢納させるという関係であった。

因みに、蝦夷錦には竜と稲妻が刺繡されているものが多い。例えば、ナナイ民族の伝説がその答えの鍵を握っている。ナナイの伝説では、竜は「善良の上神様」であり、稲妻は「鬼を追い払う」ものである。このため蝦夷錦が珍重されたのである。朝貢交易の歴史は古くから存在し、これに商人などの経済交流が加わり、中国の文物が外辺に流れ、さらに周辺の異民族であるウイルタ、ニブヒ、ウリチ、ナナイなどの間の異文化交流と交易によって、かなりの遠隔地まで運ばれたという経緯があった。

ところで、「対抗的交渉」の形をとる「朝貢交易」の根底には、中国は世界の中心であるという「中華思想」があった。中国は世界の核に位置し、天帝からその支配を委ねられた皇帝が慈愛をもって外辺部に居住する東夷、西戎、北狄、南蛮の民に錦などの文物を与えるという考えに基づくものである。このような考えは、歴史的に中国東北部やアムール川地方にも存在し、例えば、中国の明代初期（一四〇〇年）にはアムール川下流地域のウリチやナナイの諸民族への撫育が行われていた記録が残されている。その後、清代になると、清朝が中国東北地方の満州族によって建設されたため、この朝貢交易はさらに強化され、「辺民制度」を設けたことによってさらに発展した。

山丹交易の終焉

一九世紀の半ばになると「山丹交易」をとりまく環境は悪化した。一つ目の理由は、清朝が一八四〇年のアヘン戦争の結果、ヨーロッパ列強の侵略を受け衰退したためであり、二つ目は、一度は清朝に破れたロシアが、一六九六年のルネチクス条約以後、アムール川地域と沿海州の地域を再度睥睨《へいげい》し始め、一八五三年には従来の極東に対する政策を変更して、露米会社の旗の下南サハリンに進駐し、自国の権益を確立したためである。

一八四七年に東部シベリア総督に就任したムラブイヨフ大佐は、ニコライ一世の命を受けてアムール両岸をロシア領土にする計画を立て、ネヴェルスコイ海軍少佐に命じて探検させた。ネヴェルスコイは、一八四九年に間宮海峡を通過し、同海峡の存在を確認した。そして、一八五〇年八月、ロシア国旗をアムール河岸のニコライエフスクに掲げたのである。一八五二年には家屋が相当立ち並び、ロシア南進の根拠地となり、一八五四年九月には日本から帰ったプチャーチン率いるパルラダ号の船員六百名がここで越年した。その後、ネヴェルスコイはアムール地方の事務統括者となり、他の関係者とともにサハリン地方も探検した。彼ら一行は探検の結果、満州貿易に関する知識を得るとともに、中国の勢力の弱いことや、ロシア人が歓迎されていることを報告している。ネヴェルスコイはまた、山丹人が毛皮交易を行い、満州人からは衣服、織物、酒、たばこ類を手に入れ、日本人からはサハリン人を介して銅器、鉄器などの供給を受け、代わりに満州たばこ、鷹の羽、熊の毛皮などを与えていることも知った。

ロシア政府は、ついには一八五八年のアイグン条約と一八六九年の北京条約によってアムール川左岸以北と沿海地方州を割譲させることに成功し、さらに条約の要項にはうたわれていなかったサハリンにも植民を行い、着々と領土を拡張していった。一方、日本も一八六八年（明治元年）に近代国家として再出発を図るとともに、南下するロシアとの国境を決める必要に迫られることになった。そして、最終的には一八七五年に榎本武揚による「樺太千島交換条約」によって国境が定められ、これまでの交易は近代国家の国境によって寸断されてしまい、数世紀続いた山丹交易は終焉をみるにいたるのである。

第三章

レディ・ワシントン号の出発から対日交渉

――ペリー以前の日米交渉――

第三章　レディ・ワシントン号の出発から対日交渉―ペリー以前の日米交渉―

――本章で取り上げる内容は、筆者が一九九四年に出版した『黒船以前：アメリカの対日政策はそこから始った!!』（第一書房）の中から本書の内容にあわせて抜粋しまとめなおしたものである。なお、主に英語に基づく注・参考文献は、紙面のスペースの関係上、割愛させて頂いた。キャプテン・ケンドリックの対日交渉（初の日米貿易交渉）は、一見自然発生型交渉のように見受けられるが、実は、競争型交渉スタイルと互恵型交渉のいずれかを目指した交渉であった。――

ライシャワー教授の指摘

故エドウィン・O・ライシャワー教授は、以前私がボストン郊外のベルモントのライシャワー邸を訪問した際、日米関係の歴史と交流に係わりのあった人物について、歴史学者として鋭い指摘をされた。教授曰《いわ》く「これまでも日米関係、もしくは日米交流の始まりについて書き記された文献の数はかなりあろうが、日本側のものよりも、アメリカ側や他の国の歴史家や研究者によるものの方が多いのではなかろうか。また、そのほとんどがモリソン号、エリザ号等のオランダ国旗を掲げて長崎に到着したアメリカ船のものであろう。しかし、それ以前にも見逃してはならないアメリカ船があったのである。また、それは人物に関しても同様である。例えば、明治維新後に北海道の開拓や発展に尽くした人物と言えば、八ヶ月ほどしか滞在していないにもかかわらず有名になったウイリアム・クラークであり、彼に関して記された文献は多い。しかし、ホレス・ケプロンやエドウィン・ダンなどの貢献について記述された文献はそれほど多くなく、もっと多くてもよいのではないかと感じる。また、同時にクラーク氏同様、彼等の功績についても、もっと評価されるべきであり、一般の人々にもっと知れわたってもよいのではないかと切に感じる。」

筆者は、このライシャワー教授の指摘に同感した。この章では、ペリー来航以前の――まずアメリカ国旗を掲げ、アメリカ議会、もしくは政府の支援を直接的または間接的に受けた――言わば公的に認められた日本との通商交渉目的のため日本に来航したアメリカ船を取り上げてみたい。

ただ、その前に以下の事を明記しておきたい。一五世紀の大航海（Grand Navigations）時代以降、イギリスをはじめとするヨーロッパ、アジア、新大陸のアメリカは、相互の関連を深めるようになり、徐々に世界の一体化へと歴史の歩みは進んでいった。アメリカは一七七六年アダム・スミスが『国富論』を出版した年に独立宣言を公布し、その後、特に一七八〇年代から中国貿易に従事し始めた。それは概して、細谷千博・本間長世両氏によれば、貿易商人の努力にまかせられ、アメリカ政府としては積極的な支援を与えていなかったようである。また、日本に関しては「当時のアメリカと中国との貿易関係の版図外におかれていた日本に対しては、アメリカはほとんど無関心であった」と『日米関係史』で述べられている。

海洋国家「シー・パワー」としてのアメリカの始まり

一般には、アメリカが「シー・パワー（海洋力）」国家としての存在感を世界に示したのは、アルフレッド・T・マハンがその著書『海上権力史論』を通して国民にアピールした一九世紀後半という説が存在する。ただし、アメリカ国内におけるシー・パワー構想は、既に一八世紀の後半から存在していたが、その構想は当時においては、まだ萌芽状態にあった。アメリカは、一七七六年にイギリスとの戦争に勝利し、独立を宣言する。言い換えれば、「アメリカ革命」である。「フランス革命」より一三年前の出来事である。ただ、当時アメリカは、世界最強の海軍力を持つイギリスを相手に、海軍力の劣勢による苦戦を強いられていたことは確かである。

その時、ジョージ・ワシントンは「海洋力（シー・パワー）、それはあらゆることが逆転し得る機軸である……。（また）アメリカが独立を勝ち取れたのは、植民地軍の戦いだけのものではなく、今、その時となって海軍力の優勢が全てを転換した機軸となった」とスピーチを行う。

軍事研究家の江畑謙介は、「米国は独立後、沿岸航路の活用により、経済の発展を促すと共に、世界にその交易を広げた」と述べている（『アメリカの軍事戦略』）。

ワシントン大統領の構想は、三代目のトーマス・ジェファソン大統領によってより具体化された対外戦略構想となり、その後、六代目大統領のジョン・クインシー・アダムスに引き継がれる。これがアダムス大統領の「アメリカ海軍整備計画と通商国家構想計画」と呼ばれるものである。

アメリカは、一八五二年に米国大陸におけるアラスカを除く合衆国の版図を確定し、翌年の一八五三年にはジョン・A・オーリックに代わって任命されたマシュー・カルブレイス・ペリー提督が「東インド艦隊」を率いて日本へ来航し、三百年間にわたって閉ざされていた門戸を開かせるに至った。ちなみに、ペリーが日本に来航した年には、アルフレッド・T・マハンは一三歳になったばかりの少年であった。

黒船以前に日本に来航したアメリカ船

これまで、日本へ通商目的のためにはじめて来航、漂着したアメリカ船と言えば、一般に一七九七年に長崎に入港した、ニューヨークのウイリアム・ロバート・スチュワート船長率いるエリザ号と思われがちであった。しかし、スチュワート（彼の貿易交渉の目論見については、後に少し触れるが）のエリザ号は、アメリカ船籍ではあるがオランダにチャーターされた船であったため、オランダ船に雇われて日本に入港した最初のアメリカ船と言えよう。アメリカ国旗を掲げ、アメリカ議会の私掠免許状（敵国船舶の拿捕を認可した政府発行の免許書）を保持し、また、州議会から公的な役割——東洋貿易の振興——や支援を得て日本へ最初に来航したのは、一七九一年のキャップテン・ジョン・ケンドリックと副官ジェームス・ダグラス率いる、九〇トンのブリガンティーン（Brigantine）つまり、武装民有型帆船レディ・ワシントン号（The Lady Washington）と、スループ型一本マストの帆船グレイス号（The Grace）である。

ライシャワー教授は、クレイグ教授との共著『Japan: Tradition&Transformation』の中でこのレディ・ワシントン号とグレイス号について次のように述べている。

As early as 1791 two American ships had entered Japanese waters, and in 1797 another visited Nagasaki, chartered by the Dutch authorities in the East Indies to replace their own ships, cut off from them by the Napoleonic wars. An American businessman in Canton dispatched a small vessel, the Morrison, to Japan in 1837 to repartiate seven Japanese castways and through this act of good will, tooppen up relations with Japan, but the unarmed ship was fired on by the Japanese and driven off.

また歴史家のT・デネットは、アメリカ国旗は掲げていたものの、オランダのチャーター船として長崎に入港したエリザ号について、以下の説明を加えている。

The relations between the Dutch and the Americans became very friendly, and when the newly created Batavian Republic hesitated to trust the annual Company ship to Nagasaki under a flag which the British might not respect, the Eliza, under the America flag, was charted for the voyage（1789）.For several years thereafter the American flag appeared regularly in Japan each season, and whenthe Department of State, in 1832, began to assemble information with a view to treaty relations with Japan, it was mainly through Dutch sources and through Americans who, in the employ of the Dutch, had been to Nagasaki, that the information was secured.

ライシャワー、クレイグ両教授が上記で指摘している、一七九一年にエリザ号以前に日本に来航した二隻のアメリカ船とは、レディ・ワシントン号であり、他の一隻とはグレイス号のことである。記録によれば、レディ・ワシントン号とグレイス号は、一七九一年四月二八日（寛政三年四月四日）に貿易交渉のために紀州の大島にアメリカ国旗を掲げ寄港し、樫野に上陸した。貿易のために来航した最初のアメリカ船である。この点について、日米の記録の一部には、大雑把ではあるが以下のように記されている。まず、昭和二三年の朝日新聞には「一七九一年ボストンから帆前船レディ・ワシントン号（九〇トン）＝船長ジョン・ケンドリック＝が、カナダのバンクーバー島から毛皮五〇〇枚などを積んで広東に入港、交易を望んだが、同国官吏がワイロを要求するのに憤慨して大阪の堺へ渡航中、風浪のため押し流され紀州港に入った」とあり、また、和歌山県県立図書館所蔵の『南紀徳川史』は「四月四日、熊野古座組樫野浦沖へ異国船渡来の飛報到達、即日有志を派遣の処、既に退帆行道不知旨に付十九日一同帰着す。」と記録している。寛政三年と言えば、日本史の上では来航船に対して寛政令が発せられた年である（寛政令とは、それまでの旧習をロシア船来航に対処するために成文化したもので、幕府の命令に反しないかぎり発砲・攻撃はしないが、船と船員に対する臨検捜査は厳重に行うという法令である。その後の幕府の来航船対策としては、一八〇六年の「文化令」、一八二五年の「文政令」（異国船無二念打払令）、そして、中国のアヘン戦争の結果による一八四二年の「天保薪水令」が挙げられる）。一方、アメリカオレゴン州の地元新聞のオレゴン・ジャーナル（一九七五年）とホーウェイの歴史記録書は、レディ・ワシントン号の来航をもう少しシンボリックな出来事として伝えている。

Lady Washington landed in Kushimoto, Japan in 1791,some 60 years before Commodore Matthew Perry opened the Orient' They went into a harbor on the southern coast of Japan where they were received by the natives with the greatest hospitality. Here captain Kendrick displayed the American flag which is probablly the first ever seen in that quarter'

日米の数少ない文献で一致している点は、その殆どが日米親善の始まりともいえるレディ・ワシントン号による日本寄港を、一アメリカ商船の日本「漂着」として捉えていることである。

では、ペリーに先駆け、六一年前に星条旗を掲げ、日米貿易交渉に臨んだアメリカ人の初の日本来航は、いかなる状況の下で、アメリカの公的機関の認証を得て可能になったのだろうか。また、何故長崎ではなく紀州に入港しようと試みたのか、などについて探ってみたいと思う。

極東貿易の発展

アメリカの独立以前の極東に対する知識といえば、ボストン港などにオランダなどから密輸入された中国産のごく限られた「お茶」か、海賊船に乗りこんだと称する船員の冒険物語等を通したものに過ぎなかった。独立後のアメリカの極東貿易の急速な発展は、一七八四年のR・パーカーによる「中国の女帝号」から始まる。上乗員のサミュエル・ショーは一七八六年に初代広東駐在アメリカ領事に任命される。また、後に、国家の形造り、国民のアイデンティティ（national character）の探求を試みるジェームス・マジソンも、ヨーロッパ諸国の対中国貿易に対抗する形で広東貿易を（貿易・関税率の面から）奨励する。加えて陶器や薬料などが輸入されるようになり、中国へはオレゴンやカナダ等の先住民（Native Americans）との交換取引で手に入れた毛皮、アメリカ人参や諸金属類が輸出されるという商業的パターンに移行した。ケンドリック船長の率いるレディ・ワシントン号も例外ではなかった。当時のアメリカの貿易の統計を見てみると、次の通りである。

アメリカの貿易額

年	輸出	輸入
一七九〇	二〇Mドル	二三Mドル
一八〇一	九四Mドル	一一〇Mドル
一八〇七	一〇八Mドル	一三八Mドル
一八〇八	二二Mドル	—

海外との貿易に従事していたアメリカ船の数は、一七九一年には三六万三一〇〇トンであったが、一八〇七年には

八四万八三〇〇トンとなっている。

これまでは、一八三七年に日本入港を試みたモリソン号が日米の交易交流の上で第二段階の幕明けを告げ、モリソン号事件が日米関係にとって一つのターニング・ポイントと考えられがちであった。しかしながら、一七〇〇年代後半には、ニュー・イングランド地方やニューヨーク等の商人や経済人達は、既に太平洋の探検ルートや地理に関して英国の探検家のキャップテン・ジェームス・クック（一七二八—七九）が出版した体験談に影響されており、将来の対日通商をも見据えていた。このことは、極東地域での外国貿易の拡張や海外権の確立に関心を示していたボストンのジョハン・ハンコック知事をはじめ、トーマス・ジェファソンやアレクサンダー・ハミルトン等の政府の関係者にも当てはまるようである。キャプテン・クックは米国北西海岸に毛皮の宝庫を発見した。彼の第三回目の航海（一七七六〜七九年）に随行したジョン・ゴアーや、特にジョン・レッドヤードというアメリカ人船員が北西海岸でネイティブ・アメリカンから購入したラッコの毛皮が、極東で高く売れたというニュースが新興国に流れると、アメリカやイギリスそれにロシアの毛皮商人が取引のためホーン岬経由でアメリカ北西海岸に向かい、交易所を設立したのである。デネットのレッドヤードと北西海岸においての毛皮取引と広東貿易にまつわる解説書も存在する。

ちなみに、アメリカの最北端の町として知られているオレゴン州のアストリアを訪れると、今でも当時の面影が残っている。アメリカ北西部の現在のワシントン州やオレゴン州は、詩人のウォルト・ウイットマンと馴染みの深い州として知られているが、アストリアの名はワシントン・アービングの『アストリア』という年代記で有名になった。アービングが当時の取引の様子を中国と日本の通商に関連づけて描いている文章を、プラマーは次のように要約している。「（アービングによれば）商船は海岸線近くを航行し、碇を下ろし、原住民が小舟に毛皮を積んで近付いてくるのを待つ。その一帯の毛皮を根こそぎ入手すると、碇を上げて次の地点へ移っていくのだった。」また、「積荷として十分な毛皮を集め終わると、商人たちはよい値段で取引きできる中国へと進路をとる。船は広東港に入り、取引きが行われ、そこから高価な商品が広大な清帝国全土に流れていった。彼らの耳に、日本が儲かりそうな市場だという噂が入ると、関心はいよいよ日本にも向いていく。同じ頃、ロシアは、既にアメリカに毛皮取引の拠点を築いていた……。ロシア人貿易商は中国と国内市場での毛皮取引では、イギリスやアメリカという競争相手より一歩も二歩も先んじていた」。

毛皮による通商が大きな利潤をもたらし、そのためにもアメリカは対中国貿易においてイギリスに対し先手を打つべきであるというレッドヤードの考えは，当初、海運・漁業が生活の生命線であったマサチューセッツ州の船乗りやボストンの大商人、ニューヨーク、フィラデルフィアの実業界の有力者からも、支持を得るまでには至らなかったようである。一七八七年五月二二日マサチューセッツ州セーラム出身のエベネア・ウエスト船長が率いる、マサチューセッツ州が極東に最初に送り出した貿易船グランド・ターク号がオーナー達に巨大な富を持ち帰ったニュースは、州民にかなりの衝撃を与えた。この出来事が、アメリカの毛皮商船をはじめて日本へ向かわせるきっかけとなった。そのために計画された船とは、ジョセフ・バレル等が購入したコロンビア号とレディ・ワシントン号である。総指揮官にはマサチューセッツのウエアハム出身のジョン・ケンドリック、そして副官（副隊長）にはロードアイランド州出身のロバート・グレイが選ばれた。

ケンドリック、アジアへ出航

コロンビア号二一二トンと、スループ船レディ・ワシントン号九〇トンがボストンを出港したのは、一七八七年の秋であった。両船を送り出したのは六名の実業界の大物、ジョセフ・バレル、サミュエル・ブラウン、船長のクロウエル・ハッチ、チャールズ・ブラフィンチやジョン・マーデイン・ピンタード、それにジョン・ダービーであり、一四株を一株三五〇〇ドルで六名で受けもったらしい。またジョン・ダービーは、あの一七九一年に長崎にマーガレット号を率いて入港した船長、サミュエル・ダービーの従弟の一人であり、日本に縁のあった家系のようである。これらの出資者達について一つ言えることは、交渉と通商に関する知識は、前述の通りあの大英帝国の政治的目的で航海にでたキャプテン・クックの書物から得ていたという点である。クック船長が彼等に与えた影響については、ホーウエイの「Voyages of the Columbia」によっても証明されている。これはマサチューセッツ州歴史協会で筆者が、ピーター・ドラミー氏（Mr.Peter Drummey）から提供された資料である。

日本に対する通商知識

では、彼等の日本に対する通商の心構えや知識はどうであったのであろうか。佐山和夫によれば「船主たちは、はっきりと日本を意識の中にいれていた。アメリカという国が生まれて間もないそのときに、もう彼らは日本との通商の可能性に相当の関心を持っていたのである。彼等が実際に、どの程度の情報を持っていたのかは不明であるが、すでに日本へ渡航したヨーロッパ人たちから伝えられる知識が集積されていたのであろう」と述べている。しかし、船主達やケンドリック船長等が日本との通商の可能性に「相当」の関心を持っていたかどうかに関しては、まだディベ

クック

ートの余地があると思われる。例えば、日本との交渉を通しての商談に関するごく限られた情報は、ドラミー氏によれば、「ケンドリック等は、先にも述べたレッドヤード、それに彼が影響されたアメリカの海軍の父でもあり、とりわけ日本の「東郷元帥」とも言えるジョン・ポール・ジョンなどの資料を参考にしていたはずです。ま、これらは、レッドヤードの回想録を考慮した際の事ですが……。この二人こそ、非公式ではあっても対中貿易の関係上、対日貿易や、通商や交渉などの計画を思いついた初期の人物かもしれません。」と指摘されていた。

また、筆者がウエアハム歴史協会のベンジャミン・ダーナム氏（Benjamin S. Dunham）から受け取った一九九二年一一月三日付けのメモランダムによれば、ケンドリックの日本行きの動機とは、「マカオのラークス湾で総指揮官のケンドリック船長が副隊長のロバート・グレイに、貿易上の効率を考え毛皮を積んだコロンビア号を委ねたのであるが、グレイはケンドリックの命令に反し、交易後マカオにケンドリックを残し、一路ボストンに向けて出帆してしまうのである。借金をかかえたケンドリックは残されたスループ船レディ・ワシントン号を改造し、帰国の途につくためには、それに積まれた毛皮を売りさばかねばならない状況にあり、そこで日本行きを思いついたこと」に基づくと指摘されている。ちなみに、ワシントン州にあるグレイズ・ハーバー（元のブルフィンチ湾）は、グレイ副官のアメリカの極東貿易に対する功績を称えるため名付けられた湾のようだが、マサチューセッツ州のウエアハムには未だに、その功績で賞賛されるべき人物はグレイ副官ではなく、あくまでケンドリック船長であると言う主張が残っている。一七九二年五月一九日にグレイが発見したオレ

グレイズ・ハーバーに入るレディ・ワシントン号のフルスケール・レプリカ

ゴン州の全長二千キロにもおよぶ大河「コロンビア河」が、グレイ副官ではなくケンドリック船長のコロンビア号にちなんで名付けられたことは確かである。

前述の「中国の女帝号」も貿易商船であったが、アメリカ政府も公認した公的な船舶であったようである。例えば、上乗員ではあったが、後に広東のアメリカ領事に任命されたサミュエル・ショーなどは、航海に関して政府に報告書を提出し、それが出版されるという具合であった。モリソンの以下の説明からもそのことが窺える。

Major Shaw's report to the government was published, stimulating others to repeat the experiment ; and freely of his experience to all who asked'

キャプテン・ケンドリックへの公認許可書

コロンビア号とワシントン号についても同じことが言えそうである。ただ、政府もしくは議会の「公認」という言葉の持つ意味合いに関しては、言語学者S・I・ハヤカワの「意味論」ではないが、次のような見解の相違があるように思われる。佐山和夫が参考にしたサミュエル・モリソンの意見では、「アメリカ議会はこの二隻に私掠免許状（敵国船舶の拿捕を許可した政府発行の免許状）を与え、マサチューセッツ州がパスポートを発行した」ということであるが、先のマサチューセッツ歴史協会のピーター・ドラミー氏の主張は、「両船は性格上、戦争時に通常使用される私掠船とは異なり、当時の合衆国政府の免許状（lisence）はなく、州政府と出費者の委任状（commission）に近い貿易のための許可書（authorization or permit）、英国で言うところのレター・オブ・マーク（a letter of marque）を得た」と言うことである。

また、ウエアハム歴史協会のダーナム氏の見解では、「それについて興味深いことですが」と前置きをした後、続けて「当時、ケンドリック船長に与えられた政府公認の正式許可書（order）なるものは、アメリカ政府の公式文書の中に記載されています。ただそれは、ケンドリック船長とグレイ船長が死去したあと、両氏の夫人と子供らが中心となって、政府に上申してからのことです。両夫人は自分達の主人の極東貿易発展における功績は国家としても認めるべきであるという申し出だったのですが、それは両夫人が政府から受ける恩給と大いに関係していました。彼女達は、そのためにも証拠となる書類を政府へ提出する義務があったわけです。しかし、それらオリジナルの書類はグレイ夫人が所有しており、それらの書類を元に弁護士を通して、首都ワシントンまで行ったわけです。ケンドリック船長夫人も行動をともにしましたが、政府から恩給を受けた後、それらの書類の行方は誰一人知りません。私は、いろいろな事情を考えあわせた結果、恐らくグレイ一家が故意に処分したのでは、と思わずにはいられないのです。グレイ夫人が後で作成したとされる一部のコピーはあるようですが、肝心の「公式許可」の部分などは、グレイ船長でなく功績の多かった総指揮官のケンドリック船長に与えられたものですから、彼の功績、つまりグレイ船長に不利な、また、不都合な個所は抹消されています」との見解を示した。

なお、ジョン・ホスキンズのナレーティブでも、公的な認証として必要なメダルは当時ジェネラルであったジョージ・ワシントンにも送られ、それに対する礼状が届いた。また、その礼状には、ケンドリック達の航海の無事を祈る言葉も添えられていたのである。

これに関連するが、A・E・ベントリーの研究では、メダルは一七八七年の一一月二四日までには、ジョン・バレルからワシントン以外のジョン・アダムスとジェファソンにも送られたようである。また、当時の新聞には、太平洋へ向かうケンドリックが北西海岸のネイティブ・アメリカンズとの交渉の際には、メダルが身元の証として使用されるべきことなども掲載されていた。

By November 24, 1787, Barell was able to present medals to John Adams and ThomasJefferson....Newspapers from Boston to Philadelphia reported on Octber 8, 1787 bysaying medals were being made :"to be carried by Capt. Kendrick,bound to the Pacific Ocean,to be distributed among the natives of the Indian Isles: on one side are represented a ship and sloop under full sail, with words 'Columbia and Washington, commanded by J.Kendrick: on the reverse, the following, 'fitted out at Boston, North America for the Pacific Ocean by ' encircling the names of 'J. Barrell, S.Brown, C. Bulfich, J. Derby, C. Hatch, J.M. Pintard,1787."

政府はこれまでにも極東貿易の振興に伴うアメリカ商船に対しては保護し、また、アメリカの市民以外の船主が所有する船によって輸入される茶やその他物資に対しては、特別な税率を課すという条例を作成していた。アメリカでは一七九八年になってようやく「海軍省」が設立される。それ以前のアメリカ植民地の造船界では、イギリス等の海軍と対抗するために私掠船が発達した。これがアメリカにおける初期のシー・パワーの基礎でもあった。また、それは正規の海軍とは異なり、それぞれの船にオーナーがおり、「私設海軍」の役目も兼ねていた。言い換えれば武装商船（Privateer）と呼ばれるもので、海賊船と異り、戦時敵船攻撃捕獲の免許を得た商船と軍船とを兼ね備えていたのである。そして、私掠船の統制は、公共機関の海軍委員会（Maritime Committee）が行っていた。

興味深いことに、ケンドリックやグレイ達にはアメリカ政府はじめ、駐米スペイン大使やフランスやオランダ領事などからも、彼等の通商に関して保護ないしは特段の配慮を払うことを要請した公式文書等が与えられていた。彼等がアメリカの毛皮貿易船として航海中に、当時フランス大使であったトーマス・ジェファソンは中立国船舶証明書の交付に中心的働きをした人物として知られている。

コロンビア号は、モリソンによれば、軍艦として独立戦争中に使用された大砲一〇門を備えた三本マストの帆船であり、他方九〇トンのスループ船レディ・ワシントン号もボストン出港後は、後で触れるが「武装民有船」（Brigantine）として改造され、コロンビア号に代わって日本に向かう運命となるのである。ところで、ケンドリック船長等の対日本も含む通商交渉や公的な役割については、ジョセフ・バレルがケンドリック船長宛に送った手紙の中に詳しく書かれているので、ここで紹介したい。

「ジョン・ケンドリック殿

謹啓

コロンビア号、ワシントン号、ともに太平洋及び中国への旅の準備が整いました。私たちはあなたを信頼し、このたび、この計画実行の指揮をすべて貴殿にお任せします。……貴殿と現地の人（アメリカの原住民）との間に、つねに協調と友情がありますように、そして通商において、相手の無知につけ込むことのないよう願うと同時に、アメリカの代表として、正直な行為により、それぞれの土地の人の心に友愛の情を植えつけるよう努力されますことを祈っております。……私たちは、貴殿が……の海岸に停泊し、機会が来ればそこから通商をつづけてゆくことを勧めます。もしも最初のシーズンの間に毛皮を集められれば――ラッコ五百枚くらいと、それに釣り合う他のもの――レディ・ワシントン号にて中国に送り出してもらいたいと思います。そして貴殿の通商にとっても必要であり、船員の役に立つものを積んで、春に貴殿のところに戻るようにさせればいいと思います。いずれにせよ、コロンビア号は（アメリカ大陸の）北西部で冬を越すことになるでしょうし、レディ・ワシントン号もまた、もしも毛皮が十分に確保できないとなれば、そうすることになるでしょう。……もしも貴殿がこれを得策と思われるならば、コロンビア号にて西海岸から出たあと、日本に立ち寄ってください。もしもそれが可能で、中国での通商より利益があると判断されるなら――レディ・ワシントン号が貴殿のところに帰ってきたときにそのことは分かるでしょう――その場合には日本で通商を行ってください。

わが国、およびわが州発行の航海上の書類［並びにフランスとオランダが発行した証明書］を、貴殿は機会あるごとに提示することになるでしょうが、どうか、あらゆる国の人々に対して敬意と礼節をもってあたられるよう願っています。そして、誰からも侮辱や危害をうけることのなきよう祈っています。独立せる自由の国アメリカにふさわしい精神を示さなければ、それらを受ける羽目になるでしょうから。……航海の成功を祈っています。オーナーを代表して。

ジョセフ・バレルより。」

異文化間コミュニケーションの観点からしても、昨今の「和平交渉」の際、参考になる内容である。

一路、北西海岸へ

以上のことに加えて、両船の公的・外交的役割の観点から、今回の考察を通じて明らかになった点も書きはさんでみたい。当時イギリス船の太平洋進出に警戒心を強めていたスペインの首相は、アメリカ政府との友好の証しとして、またコロンビア号のアメリカ西海岸サンフランシスコ寄港の場合を想定して、ある文書をサンフランシスコのスペイン司令官に送っている。要約すれば、コロンビア号は、ジョージ・ワシントン（一七八九年に初代アメリカ大統領に就任するものの当時はまだジェネラルであった）所有になっており、ケンドリック等の主たる目的は、航海を通してロシアのアメリカ北西部進出拠点を見つけ、調査することである。よってケンドリック船長以下乗組員同様、コロンビア号の安全を保証する、となっており、スペインのアメリカ政府に対する配慮が窺える。

一七八七年九月三〇日にボストンを出港したジョン・ケンドリックは、最終的に、コロンビア号ではなく、レディ・ワシントン号と僚船グレイス号を率いて、四年後の一七九一年四月に通商交渉のため日本に到着する。ここでは、日本来航までの四年間の動向について、筆者がオレゴンで調査したT・C・エリオットの記録と、ハズウェルの日記及びF・W・ホーウェイの資料と、ギルダメイスター、ケアリー、ウインザー、そしてモリソン等の歴史文献をもとに、簡単にではあるが書き添える。

一七八七年九月三〇日の日曜日の朝、ボストン港はコロンビア号の乗組員と両船の出港を祝すため港に駆けつけた彼等の友人達で賑わっていた。正午頃、ケンドリック船長以下、ハウ副船長、事務担当のトゥルート、ロバーツ医師、天文学者のナッティング等は、水先案内人や多数のボストンの地元商工界の有力者達に見送られて出港した。その後、コロンビア号がナンタスキット投錨地まで進み、レディ・ワシントン号とともに水上に留まっている様子を、ハズウェルの日記が伝えている。

興味深いことに、乗組員三〇数名の中にジョン・ケンドリックの二人の息子も同行しており、長男であり、父の名を継いだジョン・ケンドリック・ジュニア（John Kendrick Jr.）はオフィサーとして、また、弟のソロモン（Solomon Kendrick）は水兵として乗船していた。ホーウェイによれば、長男のジョンには給料四一〇ポンドが支払われ、弟にも一一〇ポンドが前もって支給された。

両船は、こうしてボストンから一路東に向かい、アフリカ大陸の西海岸（一〇月中旬）に一時立ち寄り、一一月九日にはケープ・ヴァード・アイランドに到着した。その後、一二月二〇日には当地を出帆し、翌年の二月中旬にはフォークランド島へ到着したようである。二月二八日には再びフォークランド島から最初の目的地のオレゴンに向かうのであるが、両船は四月一日にケープ・ホーン沖で、思わぬ嵐に巻き込まれ、九月二〇日にカナダのヌートカで再会するまで、互いに消息を断つ結果となる。そのため、オレゴンの州境のカリフォルニア海岸に一七八八年八月二日、グレイ船長のレディ・ワシントン号が先に接近することになった。こうして、八月一二日にレディ・ワシントン号が、新興国の東海岸から最初に、現在のアメリカ西海岸——オレゴン海岸のティラマック湾——に到着した船として記憶されるのである。オレゴン海岸に到着後、グレイ船長等は現地のネイティブ・アメリカンズの歓迎を受け、交渉を通して交易を行った。

グレイ船長一行に水や薪、果物を提供し、後にラッコの毛皮の交易をしてくれたグループは、中央のコースト・インディアン（Coast Indians）であり、その中でもおそらくティラマック族（Tillamook Tribe）と考えられる。ちなみに、筆者が以前オレゴン州で行なった研究調査によれば、一九世紀以前のオレゴン州には一八万人程のネイティブ・アメリカンズが、一二五の部族に分かれて生活していた。オレゴンのマルハウ郡（Malheur County）の「スネーク・インディアン」は、馬に乗り、女性や子供を略奪する攻撃的な気質の部族として知られている。彼等に比べ、オレゴン中央海岸沿いに住む「コースト・インディアン」や、グレイ船長が名付けた、あの雄大な「コロンビア河」流域に住む「チヌーク・インディアン」等は、文化人類学者のルース・ベネディクト女史が『文化の諸様式（Patters of Culture）』の中で分類した、どちらかと言えば温和な「アポロ的」性格のほうに入れられるであろう。ただし、北西海岸沿いに先住していたヌートカ（Nootka Indians）を含む部族の間では奴隷制度が確立されており、捕虜は各部族所有の財産として考えられ、交易の際贈り物となるのが習わしであった。

また、特にオレゴン州の部族は、ウィンザーの『The Old Oregon Country』によれば、貿易と交渉にかけては、白人の同業者より一枚上手であった。

そこで、ある事件が発生する。グレイ船長が乗船させたM・ロペスという黒人青年の判断ミスと白人側の文化理解の不足により、原住民との間で小競り合いになり、ロペスが殺されるという事件である。この事件の発端は、ロペスが船内の家畜用の草刈りに行った際、砂地の上にナイフを差したまま現場を離れ、そのナイフが原住民の一人に盗まれたことによるものらしい。最終的には、乗組員三名とネイティブの数名も死亡した。事件の結果、グレイ船長はオレゴン滞在に終止符を打ち、一路カナダのヌートカに向かって北上するのである。

ケアリーは、多くの流血事件は白人側の現地のアメリカン・インディアン文化に対する理解不足によるものであると見なしている。その点において、ケンドリックは他の白人の毛皮商人とは違い、ネイティブ・カルチャーに対する良き理解者であり、彼等との友好関係の大切さを常に船員にも伝えていた。

ヌートカでの再会、広東での苦境

ホーウェイやケアリーによれば、レディ・ワシントン号は九月一六日に、そしてコロンビア号は、九月二〇日にヌートカに到着し、両船の約六ヶ月ぶりの再会となった。ケンドリックやグレイはヌートカに一〇ヶ月滞在するわけであるが、現地に関する知識は、一七七八年の春、その地を発見したイギリスのキャプテン・クックの体験談を通じて既に得ていたであろう。ここではスペインがイギリスの動向に神経をとがらせていたが、スペイン軍のマティニーズ司令官は、アメリカ人であるケンドリック船長一行とはお互い馬があったことも幸いし、大変友好的であり、彼等の停泊、毛皮を含む通商に関する知識や交易等に対しても便宜をはかっていたようである。そのため、ケンドリックは長男ジョンをスペイン海軍に入隊させる。ジョンは通訳としても活躍し、任務を全うすることになる。さらに、マティニーズの代わりに広東でジョンから預かった毛皮を売りさばく約束をするのである。ケンドリックはヌートカでラッコの毛皮を現地のネイティブから得るには、ネイティブの言語を学ぶ事が必須と判断し、自ら彼等の言語の習得に励んだ。その甲斐あってラッコの皮は得られたものの、またしてもヌートカで予期せぬ事件が発生する。ケンドリックの次男ソロモンが、ヌートカのネイティブに殺されるという事件が起こったのである。その後、ケンドリックとグレイは、理由は定かではないが、ケンドリックの舵とりが遅く予定以上の時間を費やしているとのことで、船の交換をおこなった。

一七八九年七月三〇日、コロンビア号にグレイを指揮官として乗船させ、毛皮（二千枚程）を積ませて、ハワイ諸島を通過し広東まで向かわせた。一方、レディ・ワシントン号にはケンドリックが船長として乗り込み、九月一六日にハワイに向け出発する。ケンドリックの次男ソロモンの突然の死とケンドリックの心境、それに、何故両船を交換することになったのかは、ケアリーの歴史資料（また、その他も含め）にも詳細に述べられていない。

先に出発したコロンビア号は、一七八九年一一月一六日に広東に到着し、レディ・ワシントン号は、翌年一七九〇年一月二九日に入港するわけであるが、この時ハワイ（当時のサンドイッチ諸島――一七七八年にキャプテン・クックが自己の探検隊のスポンサーの the Earl of Sandwich にちなんで名付ける）に立ち寄ったケンドリックが発見したサンダル・ウッド（白檀）が、後にアメリカとハワイの貿易を促進させ、ハワイが一九五九年三月一二日に合衆国の五〇番目の州になるきっかけを作ったというエピソードは、あまり知られていない。

ケンドリックにとって広東は、前述のサミュエル・ショーが政府関係者やニューイングランド、ニューヨークの実業家などに伝えたほど、通商、特に毛皮貿易に関して魅力にあふれ、またエキゾティックな東洋の港ではなかったようである。その上、長旅のためケンドリックは生死の境をさまようような熱病におかされ、また毛皮も思ったほどさばき切れず、借金までし、あげくの果てに、マカオでは船を違法に移したり、現地の関税に関する法的慣行に背いた科《とが》で逮捕され、留置されたりもしている。マカオのダーティ・バター湾にレディ・ワシントン号を残し、釈放された後は、二度と通商の目的で中国に足を踏み入れることが出来なかった。ただ、ケンドリックをこれまで以上に熱っぽくさせたのが、「日本貿易は、儲かる」と言う港町での噂話であった。

ケンドリックにとって一年二ヶ月の広東、マカオ滞在中の収穫と言えば、彼の念願であった、一本マストのスループ船のレディ・ワシントン号を、二本マストのブリガンティン船に改造できたことぐらいであろう。一方、グレイ船長は、先でも述べたように、ケンドリックとは対照的に、予定どおり広東での通商を成功裏に終えた（千五百頭のラッコの毛皮を二万一千ドルで売る）。しかし、ケンドリックとは折り合いが悪くなっていたようで、その結果、ケンドリックを中国に置き去りにしたまま、先にコロンビア号でボストンへの帰路についた。こうしてレディ・ワシントン号は、コロンビア号ではなく、ニューヨーク出身のウイリアム・ダグラス船長率いる僚船グレイス号を伴ない、日本経由でアメリカ北西部に向かうことになる。ボストンから広東までの航海では、ケンドリックとグレイ船長は性格が正反対であったため、お互いの馬が合い航海が出来ていたが、ケンドリックは三等航海士で唯一日誌を残したハズウェル、医師のロバーツ、それに一等航海士のウッドラフ等とも対人関係の面でしっくりゆかず、ボストン出発後、彼等はコロンビア号からレディ・ワシントン号に乗り移ってしまうのである。そのため、本国までの航海で、ケンドリックに力を貸すことに同意してくれた旧友のダグラスは、大切な相棒だったのである。そして、一七九一年の三月末に両船はラークス湾（Larks Bay）を後にした。

紀州樫野浦へ

これまでの史料、例えばダレスの文献などによれば、好奇心の強いケンドリックの紀州の樫野浦入港は、漂着を口実に日本との交易通商の足がかりを求めるために計画されたもののようである。まずダレスは、「デラノ船長の報告には、ケンドリックがオレゴンへの帰路、売れ残りの毛皮を交易を禁じている日本の諸港でさばくつもりがあったかどうかについて、何もふれていない」との前置きをしながらも、続けて「しかし、それが目当てであったことはほとんど疑問がないようである。それは彼の性格からみても十分うなずけるものであり、彼の冒険心や商魂からしても打ってつけの一策だったはずである。樫野浦に残した覚え書きで、積み荷は銅と鉄であると述べたのは説明しがたいが、船が「風浪のため余儀なく」海岸へ漂着したと書いたのは、たぶん日本人の疑念をやわらげようとする意図から出たものであって、その実、商売の探りを入れたにちがいない。彼の計画をそう解釈できるのも、日本の古い記録はともかく、現存するアメリカの史料（ジョン・ホスキンスの記録やロバート・ハズウェルの日記も含む）がこれを裏付けている」と指摘している。

ただし、朝日新聞やウイルズなどの資料では、ケンドリックの目的地は、あくまで商業のメッカの堺であり、長崎寄港は当初から眼中にはなかった。まず朝日新聞であるが、前述のように「一七九一年ボストンから帆前船レディ・ワシントン号（九〇トン。船長ジョン・ケンドリック氏）が、カナダのバンクーバー島から毛皮五百枚などを積んで広東（中国）に入港。交易を望んだが、同国官吏がワイロを要求するのに憤慨して大阪堺へ航行中、風浪のために押し流され紀州の港にはいった」と伝えている。

堺の繁栄については、当時ヨーロッパやアメリカにおいては、キリスト教の伝導目的で一六世紀半ばに日本に渡ったフランシスコ・ザビエルやポルトガルのガスパル・ビベラ司教等、またロシア船で一七三九年に高知に渡ったウォルトン等の情報を通じて知識は流れていたようである。泉燈一の著書『堺と博多』は、当時の司教達が堺の繁栄をどのように本国に報告したのかを知る上で、興味深く貴重な資料を提供している。

「町は、はなはだ広大にして、大いなる商人多数あり。……堺と称する大きく富裕なる町（ビベラ）」。「日本のベニスである堺の町以上に重要なところはない。この町は大きく裕福で、商業が盛んであるだけでなく、たえず方々から人々が寄り集まる諸国相互の市場のようなところだった（フロイス）」。佐山和夫は、ザビエルは「堺は日本の富める港にして、国内の金銀の大部分が集まるところなり」との内容の書簡を、一五四九年一一月五日にマラッカの司令官に送っており、その噂はボストンの商人やケンドリックにも達していたとみなければならない、と述べている。ウエルズは、ケンドリックが長崎に寄港した場合（広東での一件もあり）、オランダ側に自分が不法侵入者として日本側に訴えられるかもしれないという懸念もあり、長崎行きは全く眼中にはなかったということ、またケンドリックの堺行きを、徳川御三家と和歌山の関係にも焦点を当て説明している。

以上のような情報や知識をもとにした通商上の方策を持ち、ケンドリック一行は一七九一年四月二八日に樫野浦に入港し、前の浜に上陸するわけである。初の日米交渉や異文化間コミュニケーションの成り行きは、どのようなものであったのだろうか。また、交渉を通して通商の新ルートをケンドリックはどのように開拓しようと試みたのであろうか。まずは、レディ・ワシントン号とグレイス号の入港と、日本側の反応などについて注目しつつ検討したいと思う。

日米関係の夜明け

レディ・ワシントン号とグレイス号の入港に関して、「寛政三年レディ・ワシントン号資料」には、次のように記録されている。ただし、示されている日付は旧暦である。以下は、林輝が幕府の令により編集した『外国通航一覧』の一節である。「寛政三年（一七九一年）五月初旬、本州の南の紀州の大島の樫野浦から、大小二隻の異国船が沖あいに姿を現した。計三〇発の大砲の音を毎夜放ち、船員達は、毎朝、酒を飲み踊りながら楽しんでいた…」と言う内容の文で始まっている。船員の構成人数に関しては、「三五人程の鍛冶屋もいたが、紅毛人が五七名、中国人が五名、それに黒人二〇名が乗船していた」と、記録されている。

寛政三辛三月二六日夕、南海道紀伊国大島浦に蛮船二艘漂着、右大島浦は口熊野之内なり。一艘は丈十間計、本邦之三百石積立、一艘は丈八間計、百石積位、形阿蘭陀船に似て小船なり。同晦日夕、火砲三十程放候て、酒を呑踊り様の事を致し候。晦遡の礼と相見え候。朝日頃小船を卸し、魁首は赤装束緋羅糸少之由、十四五人端船にて磯部乗廻り、小鳥銃にて鴎鳥を十五六打申す由、此鳥海に落候得者、直に水夫飛込捕来候由、其後大島之水有之所にて水を取甲候。端船を磯に付置、白き木綿を長く引は、水源より木綿樋にて、端船に水を招きやり申候由、漁船を招き一経書を賜り申候。本船主紅毛と有之候得共、紅毛とは不相見、ムスコビヤ、ヲロシヤの類と相見え、横文字にて有之候。按するに、寛政二年アメリカ船渡来の事詳ならす。去年アメリカ記し置候書面と一様に相見え申候。按するに寛政二年アメリカ船渡来事詳ならす…船中鍛冶三十五人致細工居候よし…紅毛人も五十七人、中華人五人程、黒防二十人程乗居申候…。

ホスキンズの日記は、「ケンドリック船長は、三月にラークス湾よりニューヨーク出身のダグラス船長を伴って出港。そして、レディ・ワシントン号とグレイス号は日本の南に位置した（紀伊半島の）港に入港。地元の人々から大歓迎を受けた。そこでケンドリック船長は、その地で最初のアメリカ国旗を掲げたのである。彼等は、日本まで二百枚ほどの上質のラッコの皮を運んだのであるが、地元の日本人は、毛皮の使用方法を知らなかった。その後、数日間は、島の周囲を航海。そして一群の島々を発見した。島の人々が水を売りに出向いて来たので、それに因んでこれ等の島を「水の島」と名付ける事にした。ただし、それ等の島々は海図にも載っていない。他の日本人はむろん、島の住民たち、それに中国人（の乗組員達）は、お互い言葉によるコミュニケーションでは問題があった。しかし、文字を通すとかなりの意思疎通ができた。これらの島々での滞在期間は短いものであった。これら二隻の船は島々に別れを告げた後、離れ離れになりながらアメリカ北西海岸を目指して進んでいった」と、記録している。筆者が一九七五年オレゴン州ポートランドにおいてレディ・ワシントン号に関する祝典に参加した後、リチャーズ女史が記載した英文も、上記のホスキンズの日記の一部を使用してレディ・ワシントン号の歴史的日本来航を説明しているので、まずはリチャーズ女史による説明から始めたい。

Lady Washington came to be the first Ameri-can ship to land at a port in Japan in 1791, some 62 years prior to the entry of Commodore Perry and the official contact between the two nations in 1853. It is doubtful that Capt. John Kendrick, then in command of the "Lady Washinton" realized the historic significance of the event when he anchored at Ohshima in the port of Kushimoto, 184 years ago. [Hopkins gives the following epitome of the voyage:] "Captain Kendrick left Larksbay in March in accompany with the Grace of New York Captain Douglass they went into a harbor on the southern coast of Japan where they were received by the natives with the greatest hospitality Here Captain Kendrick displayed the American flag which is probably the first ever seen in that quarter.

次に、『南紀徳川史』には以下のように記録されている。

「寛政三年（一七九一年）四月四日、口熊野古座組樫野浦へ異国船渡来ノ飛報到達、即日有司ヲ派遣ノ処、既ニ退帆（シテ）行道知（レズ）既ニ付、十九日一同帰ス。右ニ付、左ノ面々五日朝出発。

御目付　岸和田伊兵衛、添奉行　伊藤又左衛門、
添奉行　宇野善右エ門、郡奉行　太田銀平、
伊都奉行　小出才大夫、御鉄砲役　勝田堪之進、
海士郡地士　九人
右八日串本浦着ノ処、異国船全ク一時潮懸リニテ、既ニ退散シテ行衛知不（レズ）念ノタメ十二日迄滞留（シテ）
本記ノ如ク帰着スト云フ」

また、ケンドリックは「覚え書」を通じてコミュニケーションを試みており、レディ・ワシントン号、船長のケンドリック、国名などのサインの文書の写しも残されているので紹介したい。「覚え書」とは、前述の『外国通覧』の中で、ケンドリック達が「水の島で島の住民達が、木綿樋を使用して水源から水を取り供給してくれた。そして漁夫達に一経書を渡した。」の経書の事である。日本来航を意識したケンドリックの英文の「覚え書」――アメリカ合衆国ニューイングランドのボストンの武装民有帆船（Bringantine）、女帝ワシントン号指揮官ジョン・ケンドリック――のオリジナルである。

『南紀徳川史』も、ケンドリックが残した「覚え書」について、次のように「一外船左ノ書ヲ渡シタル由」から始まる文書によって記録している。

異国船の残した一文書

「異国船が残した一文書の内容には、紅毛船はアメリカ船であり（花其は、おそらく花旗の間違いであり、意味は

アメリカのことである）、貨物は銅と鉄であり、船には五十門の大砲も備えられていた。中国での毛皮の交易は不成功に終わり、アメリカ北西部へ向かう途中たまたま嵐と遭遇し、余儀なく漂着した。停泊期間は、三十五日以内（数日）であった。そして、天候回復後、好風を待ち、立ち去ったのである。船員の数は百名であり、船長の名は、堅徳力記であった」と、中国人の船員が英文からオランダ語、そして漢文に訳した「覚え書」を提出した。以下は、その原文である。

一外船左ノ一書ヲ渡シタル由

本船乃堤紅毛船、地名花其載貨物乃堤銅銕（鉄）乃火炮五十員在、中華國赴皮草國而去無経貴地、偶遭風浪、漂流至此、在貴地、不過三五日之間、不好風而在此、好風即日去、本船人一百口、貨物實銅銕並無別物、船主名堅徳力記、此外蘭文モアリシトナリ

なお、『紀南遊嚢』という歴史録は、信州高遠の藩士で砲術家であった坂本天山によって記録されたものであるが、ケンドリック一行の樫野浦を含む一一日間の滞在中の動向を知る上で、興味深い情報を提供している。坂本天山は、紀州の泰地（太地）で捕鯨状況等を視察し、陸路伊勢、また伊賀を経て、大阪まで帰るまでのことを書いており、その中に、坂本が高芝村の医師であった伊達李俊から、一〇年程前のアメリカ船二隻の大島立寄りの件を聞き書きした文章が記述されているのである。以下はその部分を原文から抜粋したものであり、その次が現代文に要約したものである。

前文省略。…須恵（須江）加志野（樫野）其ノ間ニ大島ト云フ島アリ。島ヨリ外ヲ乗リ通ル、此ノ大島へ八十年前、外国ノ船二艘カカリテ、夜ハ大砲ヲ、昼ハ山ヨリ布ノ袋ニテ船中へ水ヲ取リ、大島ノ木ヲ薪ニトリテ積ミ込ミ

出デ走リシ処也。此異国船ノ事、江戸ヨリ風説ニテ、郷国（信州高遠）ニ居タリシ時、聞キ及ビシコトナリシガ、今度其ノ筆談ニ出タル伊達李俊（李俊ハ維徳軒ノ嗣ナリ）ガ語リシハ、大島ノ沖へ十三段ニ帆ヲ掛ケシ異国船…以下略。

須恵と樫野の間に、大島と云う島がある。その島の沖合に八十年前（寛政三年）、外国船二隻が姿を現した。夜には大砲を響かせ、日中には山より木綿樋で水を取り船まで運び、大島の木を薪として船内に積み込み、船は出発したのである。

この外国船二隻に関しては、我が故郷の信州高遠にも、江戸からの風の便りで伝わり聞いてはいた。今回、私は紀伊に来た際、伊達李俊に会い、直接本人から話を聞いた。李俊によれば、大島近海に姿を現したという船は、一三段の帆をかけたものだった。李俊の住む高芝村からも観察できた。どこの港に停泊するのかと思っていると、大島の沖合にしばらく停泊したのである。その後、銅でつくられた伝馬船に船員の二三名が乗り込み、錘をつけたロープを下ろし、水深を測定していた。やがて、大島の内海へ船を入港させようと試みたので、村の住民達は、慌てふためいたのである。そこで村人達は、外国語の読み書きにかけては、医者の李俊以外の人物はいなかったので、彼を船で呼びに行ったのである。

前述の寛政三年（一七九一年）四月四日から始まる『南紀徳川史』を再度検討すれば、藩が外国船渡来の知らせを受けたのは四月四日であるが、和歌山県田辺市市立図書館所蔵の『万代記』によれば、中西理左衛門署名の「［寛政三年］唐船と相見弐艘当組拾木浦沖ニ今朝漂有之…」で始まる文書では、大島の内海に停泊したのは三月二七日と記録されているが、藩では五日朝に御目付役や奉行等を出動させている。そして、串本到着が四月九日（普段では二日で到着が、四日かかっている）である事から、日本側の藩関係者は、ケンドリック船長率いるアメリカ側との対人コミュニケーションを通じての、初の日米交渉として語り継がれたかもしれない交渉を、あえて避けたことになるのである。よって、伊達李俊こそが、星条旗を掲げ、しかもアメリカの公的機関の認証を受けて初めて日本に入港したアメリカ側と会見した、最初の日本人となるのではないだろうか。

伊達李俊による日米交渉の試み

李俊が試みたことは、林大学頭や森山栄之助等が行ったように、日本開国という歴史的大事業の第一ページを飾るほどのドラマを提供するにはいたらなかった。しかしながら、迫りくる日米関係の、将来の前触れを告げる出来事として受けとめることはできる。以下、李俊が行った会見の状況と交渉スタイルについて述べたい。

筆談による異文化間の交際言語コミュニケーション

事が事だけに、李俊は大急ぎで筆と紙を余分に持ち、船に乗り込み、五里のところまで船を進めた。目的の場所まで来ると、まず船の造りの珍しさに目を奪われた。船は二隻であったが、一隻の船首は、身長一丈もの大男が鎧と兜をつけ長い剣を横に、半分剣を抜きかける姿造であり、色は金、銀、朱色であった。それは、日の光に映えて、大変勇壮であった。他の一隻には、長さ八尺程の麗しき女性像があった。長く垂らした髪の頭の上には、もえぎ（翠）色の飾りをかけていた……。船に乗船していた人は、身長が六尺ほどもある大柄な人物であった。鼻先はとがって高く、目の中は赤く、手足ともに長かった。村人らは漁船に乗り見物にきた。そこで、彼らを船内まで招き入れて、酒を飲ませ、紙も与たりもし、食べ物も出し、もてなした。船に移ろうとした李俊を、船中より見て、三人が舷側に出て、巾（布）のようなものを振って、李俊の乗船を拒んでいる様子である。控えているうちに、乗船していた村人の一人が、船より下されている梯の中段まで上って、船内の様子を窺おうとした。ところが、船中よりゴウ犬が走り出てきて、この村人の右袖を食いちぎったのである。肉身までは食われなかったが、恐ろしい勢いだったので、早々梯子から降りた。李俊が、筆談によるコミュニケーションをしたところ、『本船はアメリカ船である。今、東風を待っているだけ（本船亜墨利加船也。入港口而候東風耳）』と書いて返答をくれたのである。もう一度、筆談を試みたが、これは効果がなかった。速かに立ち去れと、再び布を振るので少し退いた。一町ほど離れて見物してみると、折りしも、カモメが多く群をなして飛んでいた。船の中の一人が、舷に立って船上に並べてあった鳥銃の一丁をとり、片手で回して頬へもつけず、見当もせず、火縄も加えずに、空に向けてドーンと撃った。三度に二度は飛んでいる鳥に命中し、鳥は空より海上に落ちた。先ほどのゴウ犬が海の中を泳いで行って、鳥をくわえて船長の所に持って行くのである。何とも奇怪なことであろう……。

以上が、李俊が試みた談話コミュニケーションを通じての交渉の試みであり、船内に入ってのケンドリック等と会見することは、達成できなかった。また、大島に一一日間停泊している間の、島々の住民とアメリカ船員との、日米初ともいえる異文化間対人コミュニケーションについては、前述したホスキンズの記録が示す通りであるが、ただ、李俊の記録では、船員等が島に上がり、木を切り、薪として船に積もうとした際の、須江村の農民との間の言語による対人コミュニケーションでは、お互いの意思疎通がうまくゆかず、農民が銃で脅かされるという事件もあり、次の如く記述されている。

十一日ノ間ニ水ヲ取り、大島へアガリ、材木ヲ伐リテ薪トシ、積ミ込ミテ余リニ狼藉ナル故、須江村ノ治右エ門ト云フ百姓、小舟ニ乗リ行キテ、木ヲ伐スルコトヲ制シ、互ニ言語ハ通ゼズ、尚止メザル故、頻リニ制止ケレバ、彼鳥銃ヲ治右エ門へ発シカケ、足許ニ玉引シタレドモ幸イニ中ラザリシガ、恐レテ早々ニ逃ゲ帰リタレバ、其後ハ尚狼藉甚シカリシと也」

李俊が乗船できなかった理由として考えられることは、アメリカの船員達が、李俊を日本政府の役人の一人と見たためといわれている。しかしながら、見物に来た日本側の村人などを船内に招待し、もてなすなど、「相互知的・認知コミュニケーション（mutually intelligible communication）」とまではいかずとも、接触段階の「交際・確認的コミュニケーション（phatic and mutually getting-aware-communication）」を通して友好関係を築きあげようとしていたことは、確かと言えよう。

ケンドリックは、ペリーのような日本に関する予備知識もなく来航したため、毛皮についての交渉は、言語やその他の問題のため、成立しなかった。しかし、異文化間のコミュニケーションを手段とする交渉者としては、前にも述べたように「覚え書」まで日本側に残すなど、なかなかのものがある。この点に関して、マサチューセッツ歴史協会のドラミー氏は「ケンドリック船長はいつでも誰とでも気軽にコミュニケートのできる姿勢、英語で言えば“Let's have a communicate attitude!”を維持していた人物と言えよう、と指摘されていた。

また、ダーナム氏は「ケンドリックは役人の取り調べ（interrogation）に対しても好意的な態度でのぞみ、ペリーではなく、ケンドリックこそアメリカが送った日本最初の通商使節の交渉者です。毛皮も売れず、商談はまとまりませんでしたが、船の修繕などはできたわけです。ペリーの外交交渉のアプローチとは随分違うわけです」と指摘する。

それでは、ケンドリック船長の日本以外での「交渉力」は、どうだったのだろうか。対スペイン、対ネイティブ・アメリカン、それにハワイの住民とは、彼特有のオープンな、また、南カリフォルニア大学のジョン・グラハムの言うところの「ジョンウェイン・スタイル」で受けのいい交渉者として知られていたようである。例えば、日本出港後も次のようなエピソードがある。ボイドの日記によれば、翌年の航海で一千枚の毛皮を手際よく確保した。しかも、酋長から「ケンドリック砦」という丸太造りの家まで譲り受けるのである。これについても、ボイドは、インディアン種族との「交渉」が、きわめて順調にいった証しである、とのコメントを残している。

レディ・ワシントン号とコロンビア号との再会

話は前後するが、レディ・ワシントン号のケンドリック船長とコロンビア号のグレイ船長は、コロンビア号の二度目のボストン発の極東貿易の航海で、クイーンシャーロット島のクレオワ島に八月二九日に到着した際、再会した。八月五日にすでに到着していたケンドリック船長は、旧友に会えて喜んだと言う（五等航海士ジョン・ボイドの航海日誌による）。しかし、グレイの場合、コロンビア号はアメリカ船として初めて世界一周を成し遂げた船となり、今回の航海の貿易通商において、ある程度の目的を中国で達成していた。それらのこともあり、ボストンに到着した八月九日には、独立宣言の最初の署名者として知られるジョン・ハンコック知事はじめ、多くのボストンっ子がコロンビア号を波止場に出迎えに来ていた。そしてコロンビア号がアメリカ国旗、それに国家に対して一三発の礼砲を放つと、お城からは返砲があり、市民から熱狂的な歓迎を受けた。ただし前述した六名の株主にとっては、この航海は巨額の富を提供しなかったようである。しかしながら、東海岸から北西海岸、そして中国をルートとする毛皮貿易市場の構想は、将来性のあるものとして受け入れられた。このことが、再びグレイ船長の気持ちを、中国と日本行きにかりたたせたのかもしれない。

悲劇のヒーロー、ケンドッリク船長

一方、ケンドリックは、アメリカの船で最初に日本で星条旗を掲げ、来る日米関係の礎を築こうとした人物である。しかし、通商に関してグレイと比較した場合、彼は中国、そして日本でも目的を達成できなかった。本人はもとより、出資者にとっても当てがはずれた結果になったのである。コロンビア号は、ボストン帰港後四七日目に極東に向け二度目の出発をすることになっていた。その際、船主の間では、コロンビア号を再度出港させず、ケンドリックのレディ・ワシントン号の帰りを待って、計画を終結とする案がまとめられた。しかし、中にはその計画からおりる者もおり、結局コロンビア号は、レディ・ワシントン号の帰りを待たず、ひとまずアメリカ北西海岸に帆を向けたのである。

その後、ケンドリックは二度とボストンに戻らなかった。一七九四年の冬と春をハワイで過ごした際も、目指した目的地はオレゴンとバンクーバーのある北西部であった。彼の貿易構想における航海ルートは、先ほどのボストン、アメリカ北西部、そして、中国、日本ではなく、ボストン、アメリカ北西部、そしてハワイという「三地域貿易」であった。この構想は元はと言えば、キャプテン・クックと航海を共にしたレッドヤードがトーマス・ジェファーソンに伝えたものである。先述したウェアハム歴史協会のダーハム氏や、ベントリーも説いているように、「アメリカ政府もこの三地域貿易構想は、まずこれまでのアフリカ回りより時間も節約され、それに通常の貿易より二倍の利潤があることから、提唱していたと考えられる。ジェファソンなどもその構想に影響された人物のようである」。

その構想が確立したとき、ボストンを出港してから七年の歳月がたっていた。このとき、ケンドリックは五四才であった。ケンドリックは広東へ二、三度航海した後の一七九四年の夏、ヌートカで二ヶ月過ごした。そして再びハワイ（サンドイッチ諸島）に向かったが、彼にとってはこれが最後の航海となり、ホノルルで事故のため帰らぬ人となった。グレイス号のウイリアム・ダグラス船長も日本訪問後、ほどなく帰らぬ人となったのである。

ケンドリックが、交渉力を備えた民間外交官でもあったことはすでに述べた。彼はまた、同時に義理がたい人物でもあった。ここで、ボストンを出港した後、最初に彼の乗ったコロンビア号がケープ・ホーン沖で嵐にあったことを思い出していただきたい。このとき、レディ・ワシントン号は損傷を受けずに済んだが、コロンビア号の受けた打撃は相当のものであった。その際、ケンドリックを救い便宜を計ったのは、スペイン軍要塞の隊長ドン・ブラス・ゴンザレスであった。この行為は、当時のスペインの対外政策の観点からすれば、スペインの法令に触れるものであった。ケンドリックを救ったばかりに、ゴンザレスはその地位から追われ、逮捕されてしまうのである。ケンドリックはこのゴンザレスの件に関して、当時知る由もなかった。これを知ったのは彼がハワイで帰らぬ人となる一年半前の一七九三年の六月になってからであった。そしてこのとき、ケンドリックは、アメリカ政府にゴンザレス救済の懇願書を出すのである。ここで、ケンドリックが、当時国務長官であり後の米国三代目大統領になるトーマス・ジェファソン宛に発送した手紙の一部を紹介したい。

John Kendrick To Thomas Jefferson

On Board the Ship Lady Washington, Harbor of Maw-win-na, St. Clair's Island
North-west coast of America.

June,1793

Sir:

I Have the honor to address you on a subject which I conceive the honor of the government of the United States to be interested in, and following relation of which I request you to lay before thePresident,hoping that in his humanity the oppressed will find a protector...in his wisdom,may direct to be made to the court of Madrid,the unfortunate [Don Blas Gonzalez] be relieved.

In the year 1787,an expedition under my command was fitted out from Boston, for prosecuting the fur trade on the north-west coast of America,and after doubling Cape Horn in a very tempestuous season, my ship the Columbia,was considerably disabled, and I was in great want of both water and wood. My tender, the Washington sloop,had parted company with me off the cape,and I had no alternative than reparing to some of the Spanish settlements in the Pacific Ocean...which the governor,Don Blas Gonzalez,major in the cavalry of his catholic Majesty,very humanly granted...I have the honorto be,with the utmost def [f] erence and esteem, honorable sir,your most obedient and most humble servant, JOHN KENDRICK

ダレスが指摘したように、ケンドリックはダグラス船長同様、自分自身の経験を文書に一切残さなかった。日本との通商開拓には失敗し、樫野浦での地元の日本人からの歓迎もまゆつばかもしれない。しかし、日米関係の歴史において、ないがしろにはできない位置を占めていると筆者には思える。筆者のこれまでのフィールド・ワークなども含む調査からすれば、出資者がたとえ民間人であったとはいえ、アメリカ独立直後の当時の時代背景を考えると、この

「ケンドリック遠征隊」こそ、ペリーに先駆け星条旗を掲げた、公式の「アメリカ通商使節第一号」と言っても過言ではなかろう。また、筆者が思うに、もしケンドリックが航海日誌でも残していたのなら、日米関係史の上で、彼はもっと際だった位置を占めていたのではないかと思う。また、ケンドリックがペリー提督の如く日本や中国の太平洋地域に関する情報はもちろん、より戦略的な交渉術を把握し知悉していたならば、ボストン・オレゴン太平洋地域とハワイを中心とする「三地域貿易」の枠を越えた、北太平洋地域のダイナミズムの存在をもとにするジョン・C・ペリーの説く「大北方三日月地帯」構想（北太平洋の北緯三二度以北カリフォルニアから上海までの孤形地域）たるものを提唱できていたかもしれない。

第四章

フランスとイギリスの対日接近

第四章　フランスとイギリスの対日接近

フランスのラ・ペルーズ探検隊

キャプテン・クックの探検隊がロシア人の住むアメリカ北西岸をかすめたのに対し、フランスのラ・ペールズ探検隊は、当時のロシアと日本領土に遠からぬ日本海において大きな意義を有する調査を成し遂げた。

ラ・ペールズ一行は、一七八六年、北太平洋における地理的発見や領土獲得においてイギリスに遅れをとらないために、クック探検隊の後、フランス政府によって国家戦略の一部として組織された。そして、ロシア人の進出の実態や彼らの豊富な毛皮資源に関する調査等を行った。

ラ・ペールズは、一七八五年の八月に二隻の船を率いてフランスのブレストを出航し、翌年にはサンドイッチ諸島（現在のハワイ諸島）に到着する。その後、ラ・ペールズはそこからキャップテン・クックと同様のルートをとり、北アメリカ北西岸に向かった。

記録によれば、ラ・ペールズはサンフランシスコ近くのモントレーまで南下することに成功し、そこから太平洋を横断してマリアナ群島へ航海し、ポルトガル領のマカオへ到達した。一七八七年の一月にはマカオから船の修理のためフィリッピンに立ち寄り、その後探検隊は北方へ出航し、アジア大陸と台湾の間の海峡を通り、琉球諸島を経て朝鮮と日本の間の海峡を通過した。以下は、対抗型交渉スタイルを目指していたラ・ペールズが、実際には北海道やサハリンなど北方地域において、互恵型交渉を経験することになったケースとして取り上げたい。

ラ・ペルーズ海峡（宗谷海峡）の発見

一七八七年の六月にラ・ペールズ探検隊は「蝦夷」（北海道）を廻航し、さらには西方に針路をとりロシア領沿海州の現代のサハリン（テルネイ湾）に到着した。探検隊はサハリンで原住民のアイヌの人々に出会ったが、フランス人たちは太平洋諸島の原住民たちとの交流経験があったので、彼らに好印象を抱いたという。ラ・ペールズは、彼らが探検隊のために砂の上に島の形で示したくれたサハリンは、実際には恐らく原住民の船では通行可能でも、海洋船では通過不可能な砂丘によって大陸と連なっているという考えを抱いた。

探検隊がサハリンから東方へ針路を変えた際、サハリンと蝦夷の間の海峡を発見した。一行はこれをラ・ペールズ海峡（宗谷海峡）と名付けた。

この海峡の発見は、これまでのサハリンと日本の北部がアムール河口近くまで北方に延びているという欧米の科学者達の通説を覆すものとなった。ラ・ペールズは、一七八七年八月にペトロパブロフスク到着後、部下の一人にこれまでの探険の成果報告を持たせ、シベリア経由でフランスに向かわせた。ラ・ペールズの諸船は、そこから南方へ向けて出航したが、赤道を越えたころから消息が途絶えた。一九世紀になって、ようやくフランスの捜索隊が派遣されたが、捜索の結果、一行の船がサンタ・クルス島の珊瑚礁で破壊されたことが判明した。乗組員の一部は原住民との戦いで死亡し、他の乗組員はしばらくの間島々の一つに住んではいたが、彼らも捜索隊の到着以前に死に絶えていたことが判明した。一方、ラ・ペールズの航海誌は一七九八年になってようやく印刷される運びとなった。その間の一七八九年から一七九一年にかけて、北太平洋にはさらに二人のイギリスの航海者達、ジョージ・バンクーバーとウイリアム・ブロートンが国家戦略の一端として派遣された。

航海士・探検家としてのラ・ペルーズ

ラ・ペルーズの正式の名は、Jean-Francois Galoup de la Perouse（一七四一〜一七八八年）といい、彼の名は探検家の間ではフランスの航海家として有名であるが、他方、本国のフランスでは海軍兵学校を卒業後、戦役に従い北米のハドソン湾に遠征して勇名をはせた人物として知られている。

ラ・ペルーズは海軍士官となった後に、ルイ一六世の命をうけ二隻の艦隊の指揮官として、現在のアジア・太平洋の地理学上の探検のみならず、戦略的交渉力を駆使して交易を行うかたわら、自然科学の調査研究を行うという目的をもって一七八五年にフランスを出発したのである。ルイ一六世は、幼少の頃から地理学に関して専門教育を受けており、世界地理の諸問題に関心のあった国王であった。ルイ一六世の庇護の下でラ・ペルーズのアジア・太平洋航海記録が出版されることになっていたが、これは結局、革命政府によって出版される。そのため、ルイ一六世に仕え、王朝の終焉を予期せぬラ・ペールズの探検記録の中には、革命政府にとって好ましからざる記録の残っているのも事実である。

John Francis Galaup de la Perouse was born at Albi in 1741. In the year 1778 a war broke out between France and England; hostilities commencing on the 17th of June with the capture of the Belle-Pule. ...The following year（1781）the French government formed the design of destroying the English settlements in Hudson's Bay. La Perouse was deemed a fit person for this arduous expedition in a dangerous sea and received orders for his departure from Cape Francis on the 31st of May 1782.（La Perouse, Vol.1,p.xxvi）

日本ではラ・ペルーズが太平洋地域——特に日本の北辺地域に接近した理由の一つに、彼の「航海好奇心説」を提唱する人達が存在する。すなわち、ラ・ペールズ自身が航海士と探検家であったため、極東の日本に個人的な興味を抱いていたという説である。

しかし、彼はただ単に日本に接近したのではなく、日本の最北端の北海道を迂回し、現代のロシア領土のカムチャッカ半島はもちろん、それ以外の北辺周域まで接近することが目的だったと思われる。これが第一の要因である。では、なぜ当時のフランスはフリゲート艦を使用し、現代のロシア領を含む北太平洋までラ・ペルーズを派遣させたのであろうか。

これは、当時のフランスの対外政策、言い換えれば欧州近代国家の「人為的国境意識」(Artificial Boundary Consciousness) に基づいた思想と大いに関係があると言える。ここでいう人為的国境意識とは、自然の特色や文化的な要素を無視した国境に対するパーセプションのことである。これは、世界の未開発な地域である新用地に多く見られる傾向がある。例えば、新大陸であったアメリカ、オーストラリアをはじめ、アフリカに新しい国が建設された早期に用いられた国境意識の一部である。

国際政治の歴史を探ってみると、ほとんどの期間が国境と領土の支配が政治紛争の焦点であることが発見できる。領土を拡張してナショナル・パワーを発揮したいという心理的要求、もしくは他国に略奪された聖なる土地を取り戻したいという悲願が、ナショナリズムの勃興以降に起こった多くの戦争の原因となっている。国際政治学者でジミー・カーター政権の国家安全保障大統領補佐官でもあったZ・ブレジンスキーは、「国民国家が攻撃的な行動を取る時、領土拡張の必要が主たる動機になってきたと言っても誇張とはいえない。また帝国の建設にあたっても、ジブラルタル、スエズ運河、シンガポールなど、地理的に重要な地点を注意深く選びだし、占領し、維持して、帝国支配の要衝、要石とする方法がとられた」と述べている。

ナポレオンは「ある国の地理を知れば、その国の外交政策がわかる」と述べたことがある。これは、国が領土を拡張していく行動をとったり、または帝国の建設にあたる際に、スエズ運河の例などをみてもわかるように、地理的に重要な地点を（一）注意深く選び、（二）占領し、（三）維持し、（四）帝国支配の要衝、要石とする方法を取るということを言っているのかもしれない。

ヨーロッパの近代国家のオリジンはイタリアのヴェネチアに端を発する「海洋国家」にあり、この思想を海洋国家であったフランスが当時の国益と威信を左右するものとして位置づけ、アジア太平洋に進出したことを忘れてはならない。

特に大航海時代から一九世紀まで欧米においては、地球上には多くの白地図の個所が存在し、未知の大陸や北極や南極に至る地域などを求めて、多くの探検家達が輩出した時代であった。しかし、フランスはこの点に関して、他の西欧の列強に比べ遅れをとっていた。

Z・ブレジンスキーは、「モンゴル帝国やのちのロシア帝国が、ユーラシア大陸の中核地帯の陸地を征服したのに対して、ヨーロッパの海洋帝国は、航海と探検を続け海洋貿易を拡大することで支配を達成した。（中略）スペインはしだいに優勢を失い、フランスにとってかわられるようになった」と指摘する（『世界はこう動く』）。同じく国際政治学者であるジョセフ・ナイも同様の見地から「十七世紀の重商主義者達は、スペインが西半球の鉱山から採掘した金や銀の保有高に着目するあまり、オランダの商業の興隆や、人口増と行政機構の改革から生じたフランスの強さを予測しようともしなかった」と指摘する（『不滅の大国アメリカ』）。フランスはヨーロッパの強国とはいうものの、域内でも海外でも絶えずライバルの牽制を受けていたが、一八一五年、ナポレオンの下でヨーロッパの覇権を確立する一歩手前までいった。もしこれが成功していれば、フランスは世界覇権国としての地位を獲得していただろう。

さらにこの航海の要因として考えられる点は、当時フランスでは、国王のみならず地理学者達の間においても日本が「金の産地」と受け止められていたことである。このニュースこそが、ラ・ペルーズの北辺周辺以外の日本調査へかりたたせる大きな要因となったのである。この点に関して、北方歴史学者の権威であるジョン・ステハンも次のような見解を残している。

Vrie's survey of the southern Kurils reinforced existing misconceptions about Ezo. Uninformed about Russian or Japanese exploration, many European geographers exercised their ingenuity until the late eighteenth century. ...Searches for and speculations about the fabled golden islands persisted well into the eighteenth century. ...Forty years later, French geographers urged La Perouse to look for them. With the passage of time, however, informed opinion began to suspect that the original story had emanated from an imaginative perception of some known part of the Pacific.

ルイ一六世の命を受けて、ラ・ペルーズはブルターニュ半島のブレスト港からブソール号とアストロラブ号の二隻の軍艦を率いてアジア・太平洋に向けて出港した。これに遅れをとったイギリスは、クックの死後一〇年後にウイリアム・ブロートンが探検家として名乗りを上げ、一八世紀末のイギリス対フランスの対決が表面化するのである。

では国王であるルイ一六世は、どのような対外戦略を基にラ・ペルーズにアジア・太平洋の調査を計画させたのであろうか。

ルイ一六世は計画書の中で、次の三つの要素に力点を置いた。なお、これは現代の異文化間の地政学研究を中心（nucleus）とした国際戦略計画指針ともいえる。当時の欧米列強の間で繰り広げられていた国際関係の「競争原理」——海上のルートを発見し東方の文物がもたらされ、それを自国の国益に加えるという原理——の角度から次の三点が強調された。

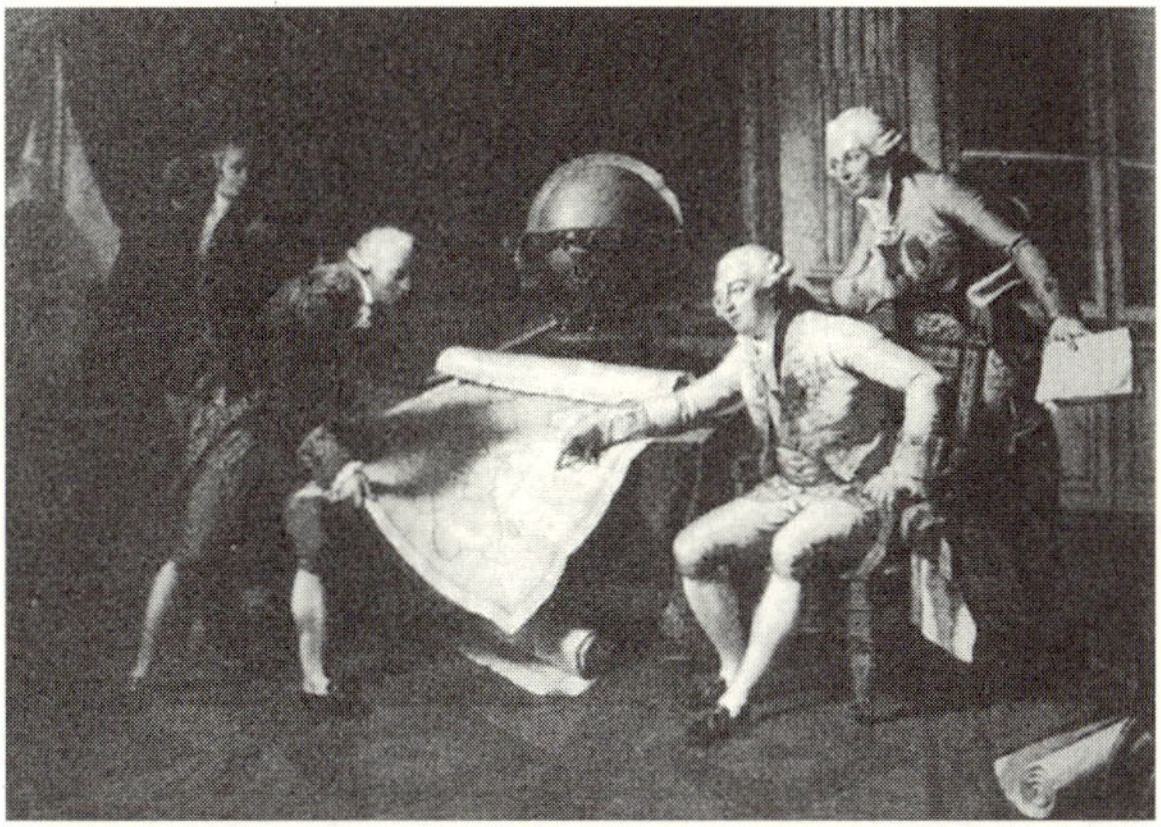

ラ・ペルーズに航海の指示を与えるルイ16世

まず（一）各島々はもちろん、陸地の観察を行い、緯度経度の観測、水深の測定を行うこと。（二）次に「異文化間の地域研究」の視点から、到着した地域異文化の住民の生活・風俗習慣の観察記録、それに交渉を通しての貿易・交易の有無などを調査すること。また、（三）「日本周辺領域の国境と領土に関する調査」を行うこと。これについては、北海道（当時の蝦夷）と千島列島、ダッタン大陸などの地理的環境に関しての調査を執行することが命ぜられていた。

一路太平洋からラングルへ

ラ・ペルーズは一七八六年の一月にホーン岬を通過し、太平洋に向かった。一七八七年には朝鮮海峡から日本海へと入り、その後、サハリンの西岸に沿って北上し、後の「間宮海峡」の狭部に進行した。しかし、サハリンが大陸から分離した島かどうかに関しては明らかにし

ブソール号（右）とアストロラブ号（左）

得なかった。なおサハリンの発見に関しては、後に紹介するイギリス人のブロートンも同様の経験記録を残している。当時、未開の辺境であったサハリンの周辺に関しては、日本側も熟知していなかった。

ところで当時の幕府は、欧米列強国の北辺周辺への接近に対する脅威、すわなち、今日でいう間接的「外圧」によって、始めて北辺周辺に関する本格的調査を行うことになるのである。欧米列強国によるサハリン発見探検が実を結ばなかったことは、当時の幕府には幸いしたといえる。ラ・ペルーズにせよブロートンにせよ、ダッタン大陸とサハリン西岸の海域に沿って、北緯五二度に接近を試みたが、目的地点に存在する海峡に関しては、ついに発見することができなかった。一九世紀の初めに、ロシアの航海士であるクルーゼンシュテルンも北方から挑戦を試みたが、発見できず終いであった。秋月俊幸も、一八世紀末から一九世紀初頭にかけてこの水域では、ラー・ペルーズ（仏）、W・R・ブロートン（英）、クルーゼンシュテルン（露）の三大航海者が測量を行い、その成果は一八一一年にクルーゼンシュテルンの「太平洋北西部地図」中に集大成された（ただし、高橋景保《かげやす》が銅版で刊行した「日本辺界略図」の方が日本本土、北海道、南千島の形状においては優れており、サハリンは点線の部分において劣っていただけである）と述べている。その海峡の探索はその後、間宮林蔵と松田伝十郎によって引き継がれ「間宮海峡」と命名される。

話を戻すと、ラ・ペルーズは、サハリン近くから今度は南下を試み現在の宗谷海峡に入り利尻山を望観した後、その場所をラングル船長にちなんで「ラングル峰」と命名しつつ、オホーツク海に出たのである。

ロシア人探検隊よりもいち早く利尻山を発見したラ・ペルーズは、これを大きな誇りとし、自ら「ラ・ペルーズ海峡」の名をつけたのである。その後、「ラ・ペルーズ海峡」は世界地図の上に残り、それは世界中の航海士の間でも有名になり、今日でも頻繁に使用されている。ラ・ペルーズはその後、千島列島に達しシムシル（新知）島とウルップ（得撫）島との間を通過し、「ボーソレ海峡」の名も残した。

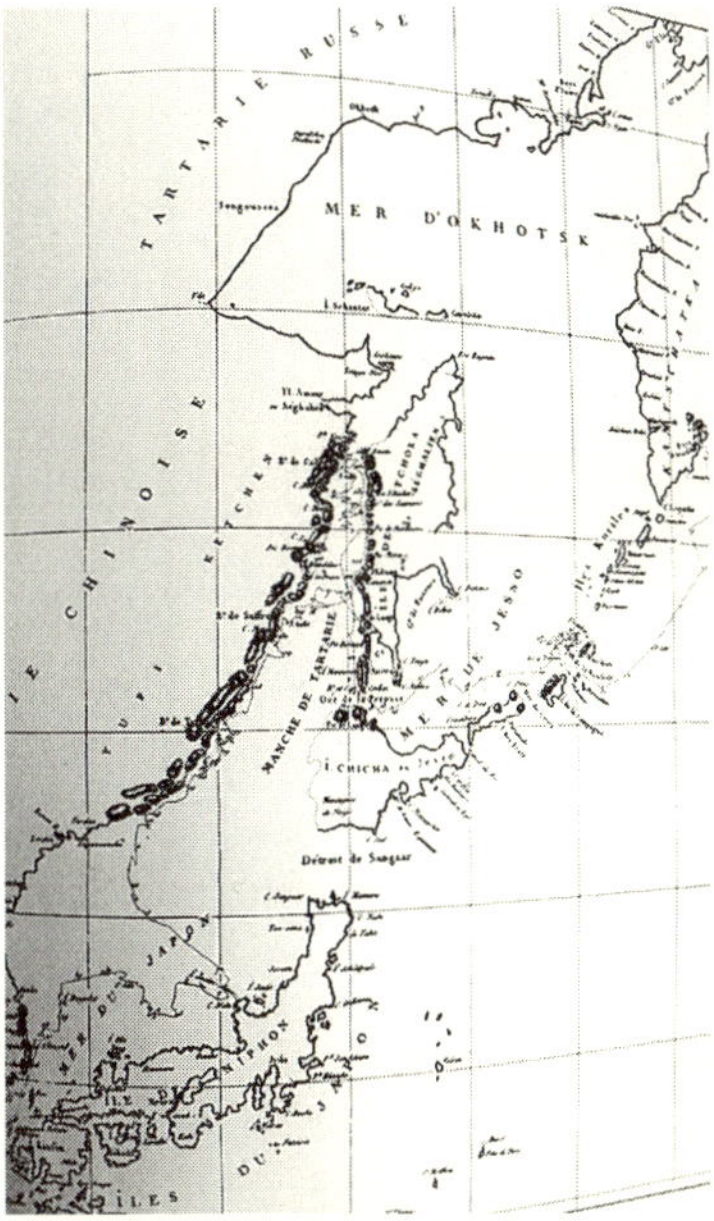

ラ・ペルーズによる日本とタタール島の地図

交渉者としてのラ・ペルーズ

次に、交渉者としてのラ・ペルーズを見てみたい。

"Haeding for Jesso and other northern parts"

一八七八年八月一日

この島が日本名の奥蝦夷である。シンシャ島の蝦夷（北海道）は、サハリン島とは三六海里の海峡で隔てられており、日本本土とは津軽海峡によって分離されている。

近代の航海者が後継者に地理学上の謎の解明を委ねた最も重要なこの地点は、我々にとっても難解な場所であったといえる。ここは、濃霧のために非常な危険を伴うため、きわめて慎重な注意を要する地点であった。サハリンにおけるラ・ペルーズの対サハリンアイヌとクリヨン湾における対住民との異文化交渉は、次のような戦略によって開始された。(一) 調査隊を派遣。(二) ファティック・コミュニケーション(交際言語)を駆使しながら先方の出方を観察し、(三) ラポート(心的な絆)を培い、(四) 友好の証しとして住民にプレゼントを提供し、(五) 島や島の周辺に関する情報を収集する。

まずは、ラ・ペルーズ一行がサハリンのサハリン・アイヌの人々と行った交渉過程の一部を探ってみたい。

一七八七年七月一二日夕方

ラングル氏は一時間前に錨を下ろしていたが、すぐに旗艦にやってきた。

ラングル氏はすでにボートと大艇を降ろしていた。そして、私に陸上の調査報告、それに住民から何かの情報を得られる可能性を知るために、日没前に上陸することを私に提案した。望遠鏡で見ると数軒の小屋があり、二人の島民が森の中へと逃げ去ったのである。そこで、私はラングル提案を受け入れ、ブータン氏とモンジェ神父に同行を依頼した。

艦隊は帆をたたみ停泊した。大艇は降ろされ、ド・クロナール氏が指揮を取り、マケット銃で武装した数名が加わった。

私は、すでに上陸しているラングル氏と合流するように彼等に命じた。彼等は海岸で島民の逃げ去った二軒の小屋を発見した。この小屋の持ち主は近くの森の中に隠れていると推測したラングル氏は、斧、鉄製の器具、ガラス玉、そして一般に島民に有用で気に入りそうな品物を小屋に残した。島民が小屋に戻れば、彼等はこのプレゼントによって、我々が敵でないことを知るに違いない。

引網を入れると、二回の網で乗組員の一週間分の鮭の漁獲があった。ラングル氏が艦隊に戻ろうとした時、七名を乗船させた一隻の丸太舟が砂浜に到着するのが見えた。彼等は外来者を少しも恐れる様子はなかった。丸太舟を砂浜に引き上げ、我々の誠意のあるプレゼントに安心し、水兵達に囲まれて敷物の上に座っているのを見た。

これら島民の長老は他の者より尊敬を受けていたが、目を患い頭には太陽の強い光線から目を守る光線よけをつけていた。彼等の振る舞いは慎重であり、上品であり慈愛に満ちていた。ラングル氏は彼等に持参したプレゼントを献上したいので再会を希望すると申し出た。彼等は返事として、この付近で眠るので、必ず訪問することを身振りで示した…。

（派遣したボートは夜の十一時頃帰艦した。仲間の上記の報告はラ・ペルーズの探求心を刺激する。翌朝の日の出前に大艇と大型ボートでラ・ペルーズと一行は上陸する。島民は遅れて海岸に到着する。一行の予想どおり彼等は北方から来た島民であった。その後、別の小船が到着したので総勢で二十一名となった。この中には、ラングル氏がプレゼントを残した小屋の持ち主もいたが、女性は一人もいなかった。彼等が一行に対して深い疑いをもっていることをラ・ペルーズは感じた。森の中から犬の遠吠が聞こえてきたが、ラ・ペルーズはそこに犬と婦人達が隠されていることを察した。仲間のハンターはその方向に向かいたがったが、島民達はラ・ペルーズ一行に入らないよう懇願した。）

ラ・ペルーズは私には、島民に重要な質問をしたい意向があり、彼等の信頼を得るために、彼等に逆らわないよう命じた。ラングル氏は私より少し遅れて部下の士官とともに到着した。そして島民と会談を始める前に、種々のプレゼントが彼等に贈られた。彼等は有用な品物を重要視するようで、鉄製器具と布類を他の物よりも高く評価した。彼等は我々と同様に金属の知識を持っており、銅より銀を、鉄より銅を選択したのである。

と記録している。

ここまでの（一）から（四）までの交渉の段階の後に（五）の情報収集――すなわち、サハリンと海峡に関する貴重な（手書きではあるが）地図――を島民達からラ・ペルーズは得ることができたのである。この情報をなくしては、彼の探検の一大成果といわれている「ラー・ペルーズ海峡（宗谷海峡）」の発見はなかったと言っても過言ではない。以下がラ・ペルーズが目的達成のために、粘りの交渉を通して得たサハリンと黒龍江付近の地理、それに海峡に関しての情報の重要な観察記録の一部である。

結局、我々が彼等の地域ならびに満州の輪郭を描かせることを望んでいる主旨を理解させることができた。一人の老人が立ちあがり、槍の先で西の方角に北から南に走るダッタン大陸の沿岸の線を引いた。これと向かい合って東方に同じように南北に線を描いて、彼等の島であることを自らの胸に手を当てて我々に示した。そして、この島とダッタン大陸との間には海峡が残されており、彼等は海上に見える我々の艦隊の方を振り向いて、その海峡が通過できることを線で描いてくれた。また、この島の南方に輪郭を描いて、そこにも海峡があり、我々の艦隊が通過できる航路があることも示した。

我々の質問を判断する聡明さは、実に素晴らしいものであった。とりわけ三十歳ぐらいの島民の一人はとくに聡明であった。砂上に描いた図形がすぐ消えるのを見ながら、我々の紙と鉛筆を受けとり、彼の住む島を記してチョカ（Tchoka）とその島名を発音した。現在我々がその岸にいる小川を線で示したが、その位置は北から南に延びる島の長さの三分の二のところであった。彼は前の老人のごとく奥が漏斗《ろうと》型の海峡をへだてて、満州大陸を描いた。驚いたことに彼はサガリン川（アムール川）を描き加え、その名称を我々と同じくサガリンと発音した。そして、その河口をこの島の北端の岬より南方に下がった所に位置づけた。

ラ・ペルーズとラングルにとって何よりも重要であったことは、彼等が巡回し調査した島がサハリン（樺太）か否かであった。なぜならば、サハリンの地理的発見は、北太平洋への進出を他の列強に先駆けて行いたい当時のフランスにとって重要課題であったからである。ラ・ペルーズはサハリンが島であるか、否かの情報収集を、島民全員との交渉を通じて得たことを次のように記している。

島民は、現在地よりサガリン川（アムール川）の河口まで丸木舟で行くのに必要な日数を七本の線で示した。［中略］こうして、我々は、この島の先端からここまでの距離は、最大でも一八九里と算定した。この島民は我々にたびたび次のことを告げた。彼等はサガリン川（アムール川）流域の住民と往来することにより、南京綿やその他の商品を入手した。そして、この交易を行うまで丸木舟で河をさか上る日数を数で示した。この会話について他の島民の全人が証人となり、身振りで仲間の正しさを証明した。」「続いて我々は、この海峡の幅を知りたくて彼等にこのことを理解させるよう努めた。彼等はこれを了解し、両手を直角に出し、二―三インチの間隔で平行に保ち、これで我々が給水した小川の川幅を表わした。（中略）彼等が示したものは、絶対的水深か相対的水深なのかを確認する必要があった。前者の場合、この海峡の水深は一尋にすぎない。彼等は我々の軍艦の間近まで来たことはなく、

ラ・ペルーズ隊の士官と樺太のアイヌの人々

彼等の丸木舟には三―四インチの水深があれば十分だったので、我々の艦隊にも三―四インチの水深があれば足りると考えている様子であった。しかし、彼等からはこれ以上の説明を入手することはできなかった。ラングルと私にとって、何よりも重要だった事柄は、我々が巡回した島が、地理学者達がその南方へ広がりを疑うこともなくサハリン島と命名した島であるか否かの情報を得ることであった。（中略）我々は、フランスを出発して以来、こんなに我々の興味と賞賛をかきたてた人々に遭遇したことがない。以上の報告からも察することができるように、ラ・ペルーズはこの時、相当の興奮状態であったといえる。

次に、ラ・ペルーズはクリヨン岬でも住民と交渉を行うわけであるが、この交渉も前回同様、成功裡に終わっている。以下がクリヨン岬においての交渉プロセスの記録である。

我々は、陸に調査隊を派遣したが、鮭の捕獲の他は有効な成果を収めなかった。しかし、我々の軍艦の甲板に島民の訪問を迎えたのは、このクリヨン岬が最初であった。今までに我々が巡航した各地の住民は、我々の艦隊に少しの興味を示さず見学したいという意向も示さなかった。ここの岬の住民達は、最初は我々に対して疑念を抱いていたが、ラヴォ氏がラングル湾で採録した言葉を口にすると近くによってきた。

最初の不安が、たちまち大きな心の絆である信頼にかわり、最良の友人のごとく今度は艦に上がり、後甲板に車座になってパイプを吸って楽しんだりするまでになった。

住民達は、我々のプレゼントに大変満足げであった。我々は中国の南京綿、絹布、鉄器、ガラス玉を贈呈した。彼等は全てのプレゼントに喜んだが、中でもとりわけ珍重されたのが、ブランデーとタバコであった。しかし、タバコは艦隊の乗組員達の必需品であり、ブランデーは飲ませた後のことが心配だったので、出し惜しみせざるをえなかった。

ラ・ペルーズの交渉パターンは、どこか、欧米的というよりむしろ、すべてではないが、一般にアジア文化圏で共通し見うけられる低姿勢型交渉（From the position of weakness）パターンであり、それをもってサハリンの住民に接近したのである。対サハリン交渉が成功裡に終わったことは、記録が示す通りである。

このセクションでは、交渉者としてのラ・ペルーズと探検隊について取り扱ってみたが、要約すれば、ラ・ペルーズと探検隊一行は、これまでの欧米列強の水域・領土獲得を目標とした冒険型探検隊とは違い、科学と観測技術を駆使する交易型交渉者・探検隊とも受け止めることができる。

最後に特筆したい点は、（一）ラ・ペルーズ探検隊が残した日本近海図と日本北辺海図（六枚と二枚のスケッチ）は、世界地図の発展史に多大な貢献をしたこと。（二）ラ・ペルーズは海図に、「日本海」という名称を残した人物でもあり、『世界周航記』の付属地図帳の三九図と四六図に「日本海」という呼称が記載されたこと。（三）それに、探検隊の残した海図によって、宗谷海峡のみならず、間宮海峡、津軽海峡　それに朝鮮海峡という日本海の四つの出入口が科学的に検証されたことである。

イギリスの日本接近と幕府の対応

一九九七年五月二日、英国総選挙で労働党の弱冠四三才のトニー・ブレア氏が二〇世紀英国最年少の首相として当選した。ブレア新内閣の外交政策は、日本を含むアジア諸国との関係重視が大きな柱の一つであった。ブレア新首相は外交演説で「労働党の党首就任後、最初の公式訪問地にアジア・太平洋地域を選んだのは偶然ではない」と語り、半年以内に開催予定の欧州連合・アジア首脳会議でも、対アジア外交の強化を打ち出す方針を明らかにした。香港返還については「香港は英国と中国の架け橋になる。返還後も英中の良好な関係は変わらない」と指摘した。（BBC News & 各紙　五月三日、一九九七年）

これまでは、ウイリアム・アダムスこと三浦安針と徳川家康から始まる日英関係に関する文献は加筆の余地のないほど詳細に記述されている。しかも、イギリス人の日本に求めるものは交易であり、領土的野心をもつものではないという見解が一八世紀後半に日本側に存在していた。これと同様な見解がロシアの日本南下に対しても幕府側に存在していた。

ロシア人の日本に求めるものは専ら交易であって、領土的野心をもつものではないという当時の見解は、その後箱館奉行として東蝦夷の経営にあたった羽太正義にも継承されていった。松平定信の非開拓論は、自然条件の厳しい蝦夷は開発といっても容易ではなく、そのまま放置する方が、たとえ外敵が侵入したとしても、長く大軍をとどめることは困難であり、また狙われることもないという認識であった。

しかし、寛政五年（一七九三年）のロシアのラクスマンによる松前藩との交渉に続くウルップ島植民地化など、ロシア勢力の接近と寛政八、九年（一七九六年と一七九七年）の二度にわたる英国のブロートン中佐の北海道エモト来航は、単なる地理学的調査を目的とするものではなく、当然占領を前提とする国家戦略の予備行動である。

当時の幕府は、経済的にせよ軍事的にせよ現実問題として迫ってくる外圧に対処するには、松前藩では余りにも無力であると考えた。東蝦夷の帰属は明確ではなくても、幕藩体制の勢力範囲とみなされていたので、幕府もその喪失と、将来外国勢力が本土侵略の拠点化することを黙認するわけにはいかず、経済的採算を度外視して「上知」に踏み切らざるをえなかったのである。

異国船出現と幕府の海防観

松平定信（一七五八―一八二九年）は、早くから海防に関心のあった閣老であった。定信は、特にロシア船の渡来を脅威ととらえ海防の必要性を認め、蝦夷地と南部・津軽の両藩に交替警備を命じた。また、江戸湾と房総海岸の防備には最も心を砕き、寛政五年（一七九三年）三月には自らそれらの地域に出向いている。中国風ならびに洋風の船舶の建造の必要性を説いたのも定信であったが、彼は間もなく老中の職を退いたので、その計画は実現せずに終わった。

その後数年は、異国船に関する問題は何も起こらなかった。しかし、寛政八年（一七九六年）に蝦夷地の虻田に異国船の寄港があり、翌年の寛政九年には繪鞆と小松前沖に再び異国船が現れ、松前人士を喫驚させた。幕府はその度に役人を派遣して調査した。実は、この異国船こそがイギリス人ブロートンの探険船であった（平岡雅英『日露交渉史話』）。

イギリスのブロートンの対日・北海道接近

ウイリアム・ロバート・ブロートン（William Robert Broughton）大佐は、一七九〇年にイギリスが派遣した探検家ジョージ・バンクーバー（一七五七年～一七九八年）率いるアメリカ北西岸探検隊に参加した。当時、アメリカ北西海岸の探検にあたっていたブロートンはバンクーバーの調査に参加し、オレゴン州のコロンビア河をはじめ太平洋沿岸の測量に協力する。

次いで、ブロートンは一七九三年に四百トンのプロビデンス号の艦長となり、再度バンクーバーに合流するためにアメリカ北西部へ航行したが再会できず、アジアに向かい、日本の琉球や北海道、千島、朝鮮、沿海州、樺太（サハリン）を調査し、地理学上貴重な成果を収めた。

ブロートンは一七九六年、イギリス政府の命令に従い日本諸島に面したアジア大陸東沿岸を探検測量しながら、八月初めに奥羽南部から北に向かい噴火湾に入り、虻田郡に上陸した。そこで薪や水を取り、天測などを行った。イギリス船は一七日間、抜錨し水深調査をしながら、九月に室蘭（エモト）付近に入港した。このことは幕府側の北辺に対する危惧を募らせ、一七九八年巡見使の「蝦夷地派遣」となった。

幕府側は、松前藩の高橋壮四郎、工藤平左衛門、加藤省吾を派遣するが、二四日応接の結果、ようやくブロートン率いるプロビデンス号がイギリス船であることを知る。日本側との協議では、双方とも言葉が通じず、意思疎通の面で交渉以前のさまざまな問題が生じた。

ブロートンは、ラ・ペールズの航海の情報を受ける以前に日本海の調査を行い、部分的にはラ・ペールズの跡をたどったのである。

もっとも、ブロートンが生きた時代は一八世紀末期であり、探検航海者たちの苦闘の成果として、地球上の未解決であった地理的問題もようやく解明されつつあった。文盲であったマルコ・ポーロが雇い人に記録させた著『ジパング』の幻の「金銀島」探検に代わって、当時の人々の夢をかきたてたのは、ギリシャ時代からの伝説でもあった「未知なる南方大陸（テラ・オーストラリア・インコグニタ）または「北方航路」の探索であったという（久末進一『噴火湾エモト原住民の民族誌』）。ブロートンは、この航海について一八〇四年、著書 *North Pacific Ocean*「北太平洋探険航海日誌」で発表した。

ブロートン

ブロートンは、その日誌の中でも述べているが、北海道・サハリンにいたる北太平洋の探検航海の彼方に求めていたものは「金銀島」（リカ・デ・フラータ（Rica de Plata））であり、「北方航路」にほかならなかった。この島は、キャプテン・クックの海図に示されていたという。ブロートンはサンドイッチ諸島（現在のハワイ諸島）から日本列島、北海道の航海の途中で、謎の島を通過したものの、陸地に接近しているような兆候が全く観察されなかったため、さらに西である日本を目指したという。

「北方航路」とは、北極を中心に北極海をめぐるアニアン海峡のことで

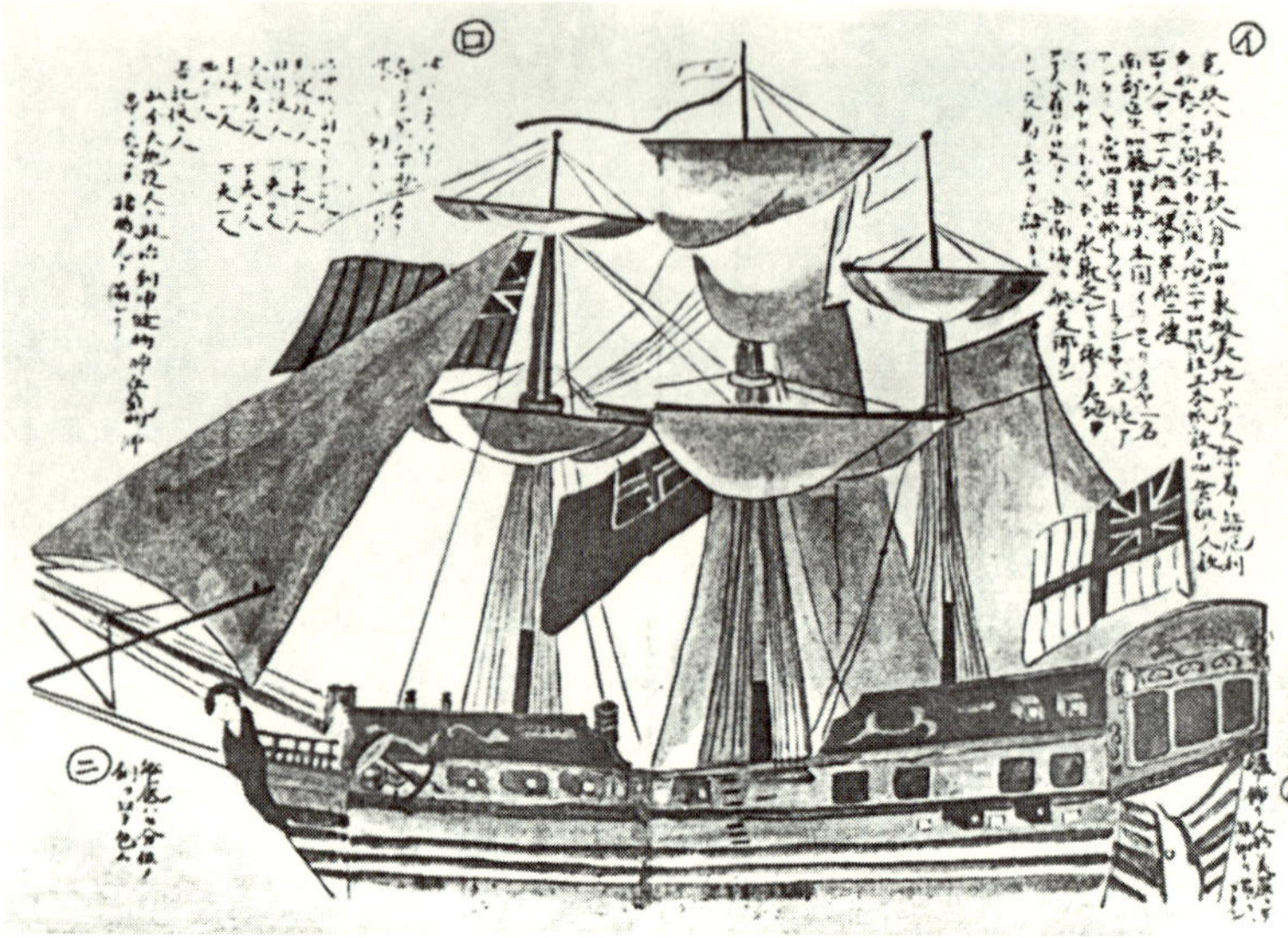

福井芳麿筆　異国船絵図（プロビデンス号）（『蝦夷の嶋踏』、函館図書館蔵）

あり、それは太平洋につながり、アメリカ大陸とアジア大陸を分けているに違いない、したがって、大西洋から太平洋を経てアジアの北辺を迂回する抜け道、すなわち「北西航路」がどこかに存在するに違いない、という考えである。そして、探検航海者たちが描いていた究極の夢が植民地拡大と、それとヨーロッパ、アメリカを結ぶ最短距離の貿易ルート発見という、国際競争が秘められていた。ブロートンは、航海日誌の中において、室蘭の内浦湾を「ボルケイノ・ベイ（噴火湾）」と名づけたり、彼が見聞した室蘭の住民の生活を記した。「コグマを飼い、鷹をカゴの中で飼育していた」など、当時のアイヌ民族の暮らしぶりや文化が記載されてはいるが、プロビデンス号の北海道までの接近目的は、北海道、千島、樺太などの「海域調査」であった。室蘭出港後、千島まで接近するが、ブロートンが骨折したため、調査を中止し、基地でもあるマカオに一時帰還する。プロビデンス号は、一七九七年五月一七日、宮古島でいったん沈没する。しかし、同年、津軽海峡を越え再

とになる。
度、室蘭に来航し、国家戦略の一端でもあったタタール海峡の調査後、一七九九年二月に本国イギリスに帰還すること

イギリスの太平洋海洋戦略とは

ジョン・C・ペリー（ペリー提督の直系でフレッチャー法律外交大学院教授）は、著書 *“Facing West”* の中で、イギリスにとって太平洋は、未来に対する国益と発展の可能性を約束してくれるものと思われたと述べている。一つは、豊かな未発見の土地（テラ・オーストラリア・インコグーニタ）である。それは（一）古代から伝わるヨーロッパの地理上の夢想であり、地球的規模から北半球と均衡をとるための要であり、（二）広大でそれゆえ当然貴重な資源が豊富に存在する大陸と考えられていた。（三）さらに、その商業ルートを支配すれば富と権力を求めてヨーロッパが地球規模で行っているせめぎ合いを凌ぐものになることを知っていたことがある。

ヨーロッパとアジアを結ぶ新交通ルートを開くことは、アメリカを横切る北西航路となるが、太平洋で二つめの機会をイギリスにもたらすように思われた。

それまで長い間、マニラ・ガリオン船が享受していた独占をイギリス人は新交通路の開拓によって打破し、世界貿易を支配する壮大な「海洋戦略」をうちたてることができる。

例えば、イギリスの「海洋戦略」に関しては、大英帝国海軍大臣・職務執行委員会が国王陛下のスループ船レゾリューション号の総司令官クック船長に送った以下の秘密訓令に詳しく記述されている。

サーカムシジョン岬を発見したならば、これが、地理学者やこれまでの航海家達の多くの関心を集めてきた南方

大陸の一部であるのか、もしくは島の一角に過ぎないものであるのかをしっかりと確認されたし。それが前者と判明した場合には、できるだけ広範囲にわたって、この大陸を調査すること。緯度および経度によってその正確な位置を詳しく計測し、磁針の偏差、岬の位置と高さ、潮流や波の方角および経路、水深の測定、その他暗礁や岩場などについて調査されたし。また同時に、よく調べた上で海図を作成し、航海にとってもまた商業にとっても有益であるような湾や港、また海岸線の部分を描き、またそれらの説明を記されたし。また、その大陸の土壌の性質や産物、そこに住んでいるか、また、そこをよく訪れる動物や鳥、それに川や海岸線で見出される魚、およびその量についてもよく観察されたし。（中略）万が一、鉱脈や鉱物、また各種の石を見つけた場合には、それぞれ見本を本国に持ち帰ること。（中略）また貴下は、この大陸に住む人々の特質や気質、性向、数についてもよく調査されたし。そして、住民がいる場合には、的確な方法を用いて友好的信頼関係を築くこと。また住民達にとって価値のありそうな飾りなどを贈り物として渡し、それを基に交易で誘い、友好と親切を示されたし。しかし貴下自身がこうした住民達から奇襲に遭わぬよう十分注意を払い、いかなる偶発的な事件に対しても警戒を怠らぬようにされたし。貴下は現地の住民達の同意に基づき、この大陸の手ごろな場所の領有を大英帝国の国王陛下の名において宣し、現地の住民達には、貴下に与えらたメダルを渡し、貴下がその地に滞在したことを示す証とされたし。なお、陸地に人が見当たらない場合には、国王陛下の名において領有を宣し、最初の発見者それに、領有者として、しかるべき証と覚書文を備えられたし。

したがって、ブロートンが一七九六年の九月にプロビデンス号でエモト（室蘭）に来航し、北海道接近と現代の室蘭付近の海底、その他の調査を行ったことは、単なる調査ではなくイギリスの国家の威信をかけた「海洋戦略」の一端であった（Beaglehole, J.C.〔1961〕& Broughton, W.R.〔1804〕）。イギリスは、すでにアジア行きの世界航路の三つのルートを熟知していたが、その一つのルートと関係するのがブロートンの対日情報戦略である。

幕府は一七九六年の「イギリス船」出没事件以降、異国船の再来航を恐れ、寛政一〇年（一七九八年）に要害地の調査のため一八〇余名からなる大規模な巡察隊を蝦夷地に送った。巡察隊より蝦夷地の行政の芳しくない調査結果を知った幕府は、翌年の寛政一一年（一七九九年）に蝦夷を七年間、試みに直轄経営することを決定し、松前藩には別に代償を与えて上知せしめたのである。

第五章

ロシアの「露米会社」と日露関係

第五章　ロシアの「露米会社」と日露関係

はじめに

現代の北方領土や日露関係に関する文献は数多く存在する。例えば、藤野順の『日ソ外交事始め』、木崎良平の『光太夫とラクスマン』、酒井良一の『北方領土』、長谷川毅の『北方領土問題と日露関係』などがそれに相当する。これらの書は二国間の交流、関係を取り扱ったものとしては、評価できる文献資料である。また、これ以外でも国際政治学者の木村汎著の『遠い隣国』、『北方領土を考える』や外国の歴史学者であるG・L・レンセンの *Russia's Japan Expedition of 1852 to 1855* (G.L.Lensen,Greenwood Press.Pub.) などのように、一九世紀のロシアの対日交渉にまつわる勢力拡張について記述した優れた文献も存在する。

なお、一八世紀にはすでに一七八一年に工藤平助が完結させた『赤蝦夷風説考』や一七八九年に本多利明が完成した『蝦夷拾遺』など、当時のロシアの対日接近に関して、幕府に警告を発した文献も存在する。ただし、利明の北方調査記録である『蝦夷拾遺』は、北方地域に関心のあった老中田沼意次以外の目にはとまらなかった。特に意次の失脚後は、彼の後継者達は北方関係の情報に全く関心を示そうとしなかったため、そのころ書かれた多くの有益な書物と同様に、『蝦夷拾遺』も幕府の文庫奥深くしまい込まれてしまったのである。

また、これらの文献は、主に日露を中心としたバイラテラル（二国間）の枠組みの中で論じられている。そこで、日露関係や日露交流、日露交渉をテーマにする研究者たちが、ともすれば見過ごしていると思われる点が幾つか存在するので、ここで述べてみたいと思う。

(a) 一八世紀から計画され一九世紀に実行されたロシアにおける対日接近を企てた最初の世界周航は、日本人が一般に抱いている友好的な対外交渉や日露交流の促進、日露関係の樹立を唯一の目的したものではないということ。

(b) さらに、それは広大なアジア・太平洋市場と直結したアメリカを含む北太平洋周辺の露米会社領植民地の拡大、ひいては現代でいうところのグローバル貿易によるロシア商業のマルティラテラルな躍進と領土拡大という国益の追及をめざすものであったこと。

(c) それに、従来の歴史書でもほとんど語られてはいないようだが、現代の日露交渉も地政学的観点から観れば、それは一八世紀に露米間でくり広げられていた交流や交渉、それに二〇世紀の国益を最優先する米ソ間の外交戦略と密接な関係があること。

「国際政治の究極の目標は常に、パワーである国益の獲得にある。」と述べたのは、政治学者として著名なモーゲンソーである。国内政治では暴力を抑止する公権力が存在するために法律があり、裁判所もある。しかし、国際政治にはそれらに相当するものはない。国際法や国際司法裁判所があったとしても、二一世紀の現代においてもそれらは国家行動に対する抑止の有効性をもっていない。一八世紀後半から一九世紀前半における世界において、そのようなコンセプトが、西欧列強と日本及び他の北太平洋地域諸国には、全く存在しなかったことは当然のことである。

ロシアのクルーゼンシュテルンが世界周航によるアジア貿易を提案した背景には、広東で目撃したイギリス人による毛皮貿易があるが、露米会社領植民地の支配人であったバラーノフやラクスマンに関する研究は存在するものの、イギリス人のアメリカ北西部進出や広東における毛皮貿易とロシアのアジア進出の関係性に触れた研究は全く見当たらないのが現状である。筆者が以前、『黒船以前：アメリカの対日政策はそこから始まった！』（第一書房）や「黒船以前の米国の対日・対中外交姿勢の考察」（「異文化コミュニケーション研究」（神田外語、異文化コミュニケーション研究所、一九九六年九号）の研究を試みた理由はそこにある。

また、筆者が強調したい点は、日本人とロシア人の両者の間には、交流や交易に対する解釈について明らかな「パーセプション・ギャップ」が存在することである。

要するに、日本人は、「交流」を波風の立てない情緒的相互インターアクション（対人コミュニケーション行動）と捉えるのに対し、ロシアや西欧の列強は、時には摩擦やぶつかり合いが伴うハードな「談判」と「ゼロ・サム型交渉」ゲームの一端と捉える傾向が強い。これには、高度な戦術も使用されるため、闘争的な「戦略型対抗交渉」と呼べる。本章で使用する「交流」とは、後者の「戦略型交渉」を意味することを明記しておきたい。

交渉・交易・交流の捉え方と文化間の温度差

素朴な疑問であるが、各文化の人々は「交渉」をどうとらえ、どのような意義を見出そうとしているのであろうか。以下では、まず特にロシア人、それに欧米人、日本人がとらえる交渉、交易それに交流についてのパーセプション（ものの見方や捉え方）について検討してみたい。国が違えば、「交渉」（Negotiation）に対するパーセプションや流儀も異なる。なぜか？　その理由は、国の文化的要因、歴史、それに政治や経済システムとジオ・ホリティカル（地政学的）な位置づけによって、それがつくられるからである。まず言えることは、交渉の流儀は各文化に独自のパターーンが存在することである。そうした独特な行動パターンは、一回きりではなく長期的にわたって同じパターンが繰りかえされることになる（Blaker,pp.1-14）。詳しくは拙著『グローバル・ネゴシエーション』を参照されたし。

以下では、まず日本人のとらえる「交渉」と「交易」、それに「交流」などの類似語と、ロシア人や西欧列強の人々がとらえた、「交渉」に対してのパーセプションと行動様式について若干の検討を行いたい。

・交渉

「交渉」とは、「利害関係である利益や損得の存在する二つ（二人もしくはそれ以上）のグループが平和的に駆け引き（トレード・オフ）を行いながら、勝ち負けではなく利益を最大限に、損失を最小限にする合意のコミュニケーション・プロセス」と定義する。すなわち、「自分の利害と相手の利害が食い違う時に、両者が何らかの合意に達するために行うコミュニケーション行動・プロセス」のことである。

異なる文化バックグランドを持つ人間が接触したり交流を行うとき、そこにはコミュニケーション・ギャップが生まれる。例えば、特に、常識の異なる人々同士が衝突した場合は、ぶつかり合いから相当な認識のずれが生じるケースが多い。なぜ、そのようなギャップが生じるかと言えば、人間は必ず自分の文化的背景を羅針盤にし、「相手の考えや常識は自分と同じはず」、または「同じであるべき」という文化的前提や価値観を基礎に考え、行動してしまう習性があるからである。そして、その間違った前提や価値観は、いつしか「相手もこうしてくれるだろう」という期待感に移行するからである。

その結果、自分の期待が見事裏切られた時には、自分達が間違った前提や価値観を持っていたことは棚に上げ、同じ文化圏の人々同士で、「何々人は～である。」「～文化の連中ときたら～」などといった愚痴に始まり、あげくの果てには否定的なレッテル、すなわち「ステレオタイプ」をつくり上げたりするのである。

・交易

「交易」とは、「（外国と、また国内で）品物を交換して商売をすること。貿易。」となっている。交易は、相互のインターアクションという行為においては、物や品物のやり取りだけではなく、感情か観念のやり取りも含まれる。「交易」の「交」は関わりあいや交わりのことである。これは、互いに行き来することであり、「易」は人間のみならず「品物」、「事柄」、「コンセプト」などの空間的、時間的移動も意味する。

人々が交易しコミュニケーションを行う場合、二つの方法がある。一つは、相手を敵と見なして競い合ったり、競争したりするという「闘争」を通して行う方法である。他の一つが、物や品物を贈与し合い「交易」する方法である。人間は自然と「交感」し、人と「交際」し、物を「交換」すると言われる。そして、新しい文物・文化の流入には多くの場合、外来の「異邦人」や「まれびと」が関わっており、彼等は時として自分達とは異なる力を持つ者として恐れられたり、尊敬されたりすることもあった。彼等は、時として武力による侵略者や仇をなす疫病神でもあった。

・交流

「交流」とは、「違った系統のものが、互いに行き交う（交じりあう）こと。」と定義されている。

異文化との交流に関連する用語で思いつくものに、人的交流、文化交流、国際交流、教育交流、知的交流、それに経済交流などがある。日本人は、これらにまつわる「交流」を、どちらかと言えば非戦略的な、ナイーブであたりさわりがなく、二人（二カ国）以上の間で友好的に行われ、しかも心と心が通じていれば五分五分の相互のヒューマン・コミュニケーションも可能という前提を含んだコミュニケーション行動と見なす傾向が強い。また、人間同士の「交流」には「話せばわかる」という情緒的関係で始まるケースが多い。

例えば、国際交流のプログラムなども、その前提に基づき友好的な相互理解が深まるものと捉えがちである。しかも、相互のコミュニケーションは、交流を目指す双方に、意見や利害の相違がみられても、協同的な解決を念頭に置いて行われる傾向が強い。（これらの類型に関しては、拙著『異文化戦略の交渉史：北太平洋と山丹交易の異民族関係歴史』を参照されたい。）

他方、ロシア人や欧米人の「交流」に対するパーセプションはどうであろうか。

ロシアや欧米諸国（昔の西欧の列強国）の間では「交流」を対抗的・競争的な駆け引きを念頭において繰り広げられる相互のインターアクション・プロセスと捉えているといえる。ちなみに、ロシア人は、ヨーロッパとアジアの二面性をもつ「ユーラシア」国民であるが、彼等は文化的にも行動様式においてもヨーロッパ人に近いという意識が強い。

対抗的・競争的な駆け引きにおいては、双方がさまざまな圧力や強制行動によって自己の利益を現実化しようとするゲームが展開される。また、対抗的・競争的ゲームを目的とした交流では、互いに競争的な相互意思決定に基づく利害の調節が行われ、得する側と損をする側ができる結果にもなる。

以上については、近年の日露の北方領土問題にまつわる「経済交流」を例にとっても同様な見方と解釈がなされている。例えば、交流に対するパーセプションギャップは、日本国内で問題となった代議士の発言にも反映されている。

平成一四年三月一九日付の読売新聞は「政界ウオッチング：北方領土不要論」で次のように報道している（読売、二〇〇二年）。「（鈴木宗男氏に対する懸念は、鈴木氏の）島が返還されても国として何の利益にもならない。返還要求をうち切って四島との経済交流を進めるべきと考えるとの発言（外務省内部文書）で現実なものとなった。」のである。

ここでいう経済交流とは友好会館建設のためなどの北方支援事業のことを意味するものであり、キーワードはあくまで「友好」という文字にある。また、「友好」という言葉には援助金である「ギブ（give）」という言葉も示唆されている。

その後、鈴木宗男氏は「四島一括返還より目先の利益である二島返還」という形で日露外交に関与した。これは「ロシア側にも二島で決着させ、経済交流を進めたいとの思惑があった」とすれば、ロシア側は「してやったり」の思いであったろう。

ロシア側にとっての「交流」は、日本側から獲得できる支援、資金援助はできる限り有利に操作し合って、遠慮はせず可能な限り手中に収めるという零和（ゼロ・サム）ゲーム的な意味を含んでおり、情緒的な感情論を抜きにした実利的な交流のことを意味する。この場合のキーワードは「経済交流」であるが、「テイク・アウェー（take away）」という言葉が見え隠れする。

次に「技術交流」が存在することを忘れてはならない。冷戦中、米ソの超大国は、相互の恐怖のうちに軍事力のバランスを図っていた反面、科学分野では学術的な技術交流を促進させていた。両超大国の間で行われていた「アポロ・ソユーズ宇宙船計画」は、まさしく科学分野における「科学技術交流」を代表するものである。米ソ両国は、覇権の体制を科学分野においても地球規模に押し拡げることを目指したのである。これは、政治的な対立や力と力のぶつかり合いが双方に存在していても、教育や科学分野では知的交流とも呼べる技術交流が可能であることを実証した例である。

西欧型戦略構想とは

「戦略」(strategies) とは何か。「企業は戦略に従う」と述べたのがハーバード経営大学院教授のチャンドラーである。国家とて同様である。「戦略」を計算し実行する上で必要なことは、「戦略思考とは何か」を考えることである。「戦略思考」とは、単純化して言えば、「相手がこちらを出し抜こうとしているのを承知した上で、さらにその上をいくという「技」である」といえる。プリンストン大学のアビナッシュ・ディキシットとエール大学のバリー・ネイルバブは、共著 *Thinking Strategically* の中で、この考え方は近年、欧米の戦略研究家の中では定着した考えであることを述べている。(Anivash K.Dixit & Barry J. Nalebuff, 1991)

また、われわれは、職場や家庭においてこの戦略思考を活用する機会が多い。先に述べたように、企業やビジネス関係者には、競争下で生き抜くための戦略が必要である。政治家には選挙キャンペーンの戦略や政策実現のためには立法上の戦略が必要である。サッカーの監督はじめアメリカン・フットボールの監督や野球の監督なども、相手チームに勝つための戦略を選手達のために練るのである。

このように状況が多様な中で優れた戦略思考を行うことは、研ぎ澄まされた技のような難しさがある。彼等の意見では、特に冷戦時代の四〇年間にわたる超大国の核戦略は人類の生存にもかかわってきたという。例えば、ゲーム理論という「戦略構想ゲーム」がそれに相当する。

戦略思考と戦略構想

「戦略思考」は、個人でも計画し実行可能な考えに基づいて実行できるが、それはスモール・ゲーム的であり、他方「戦略構想」は、組織的に計画され実行され、時には国家や企業も巻き込むビッグ・ゲームになぞらえられる。ただし、双方ともゲーム理論が土台になっている。

「ゲーム理論」とは、対立する状況において相手に勝つ方法を教えるものである。相手がこちらを出し抜こうとしている事を知った上で、相手の戦略をさらに上回る方法を伝授する戦略術のことである。しかし、歴史的には、太古の時代から人類はゲーム理論以外の戦略構想を模索し作り上げてきた。大航海時代からロシアや西欧の列強諸国は、独自の「戦略構想」を持って対アジア接近を試みたといえる。

むろん東洋にも「戦略構想」に類似するものは存在していた。例えば、日本でも鎌倉時代、戦国時代に兵法書は一部の武士に愛読されたという。しかし、対異文化や列強に対する戦略は鎖国（外交不在）のため、ビジョン化されなかったという仮説がなり立つといえる。西欧のランチェスター理論や、クラウゼヴィッツの戦争論やマキャベリの君主論などは、兵法に対抗しうる戦略論であり、孫子の兵法もランチェスター理論もその核たるものは、「敵を知り、己を知れば、百戦危《あや》うからず」となっている。

もっとも、中国には孫子の兵法は存在していたが、それは国内統一を目標とした「イナー・ルッキング」（内向き）的な戦略構想であり、列強のように国外統一や侵攻を目標とした「アウター・ルッキング」（外向き）的なものではなかったと言える。例えば、次のことを想起すればその理解は深まる。一五五七年には、中国のマカオはポルトガルによって占領され植民地となった。また、一八四〇年には、アヘン戦争の結果、イギリスに香港を占領される結果となったのである。これは、列強の戦略構想が勝っていた一例と言える。

話しを戻せば、西欧の列強は一五世紀に端を発する大航海時代から独自の戦略構想を構築し、それに基づき他国への進出を企てるようになった。

ロシアにみられる対外・異文化交渉戦略構想

本章で説くロシアの「対外・異文化戦略構想」には、次の四項目が含まれる。それらを分類してみると（一）異文化進出のためのミッションがあり、（二）それに対するビジョンがあり、（三）その次に戦略とその計画があり、（四）戦略計画を実際に推し進めるための執行手段として「対抗型交渉」または、「ゼロ・サム型交渉力」をベースに対外、対異文化交渉、交易活動を行うという四種類である。これら四項目を要約すれば次のようになる。

（一）ミッション

「ミッション」とは、国益追及を優先とした「国益優先フロンティア論」――つまり、未知の中に拡散する存在可能地への進出と探求――というコンセプトに基づき領土空間の拡大を目標とすること。特にロシアの場合には、太平洋沿岸の領土空間をできるかぎり維持する。例えば、カムチャッカ半島、アメリカ北西部をロシア領としての基地を設け、毛皮貿易を通して国家の経済的目標を達成させることである。

（二）ビジョン

ロシアには、自国のミッションを達成するために日本南下をもくろみ、日本をロシアの食糧基地にするという国益に強く結びついたビジョンが存在していた。

これを現したものに、先にあげたモーゲンソーが「国益は、パワーによって定義される」と有名な言葉をのこしている。

（三）戦略

本書で使用する戦略とは、いかにすれば相手国の出方を見届けながら門戸開放を迫り、貿易・経済利益獲得を推進できるかなどを考案する作戦のことである。一八世紀ロシアの対外戦略には以下のような仮説が立てられる。(a)まず、相手国の環境分析（地政学的異文化分析）を行う。例えば、相手文化の領土空間は、国際的に定められた領域か、国内領域なのか、経済活動、政治活動はどうなのか、市民活動の状況などはどうなのか等といった利害の交差状況についての「社会的領域の性格」を見定める。(b)そのために、ロシアは（他の西欧の列強も同様）、国家として航海技術を改善し、海域の地図を明らかにし、フロンティアである目的地や地域までの航路を発見するために惜しみないエネルギーを注いだ。(c)船舶を使用し接近・接触・交流・交渉を通して貿易・交易計画を進める。ロシアは、それらの計画を推し進める上で必要な食料や燃料はむろん、「土産」、「交換品」なども持参する。(d)万が一、相手側から攻撃を受けることなどを想定した大砲や鉄砲などの武器やその他の類似品も用意し持参する。そのほかロシアの領土拡大の特徴といえば、軍事力を行使せず、原住民を撫育し、服従させることであった。

（四）遂行手段

「遂行手段」とは、目的地である異文化や新天地に接近した際に、いかなる状況の下で、例えば交流という名のもとに交易活動・交渉を通して戦略計画を執行していくかなどといった手段のことである。

ロシア人は、交渉を押し進める際には次の点に注意を払う。まず(a)相手文化の住民や役人、その他関係者との間に生じる「利害の交差状況」等をチェックし策を練る。(b)一方が得し他方が負けるという「分け前獲得型（ゼロ・サム・ゲーム）」状況か、それとも、(c)「利益交換型（プラス・サム・ゲーム）」状況なのか、または、「変動和型的（ヴァリアブル・サム・ゲーム）」状況なのかどうかなどもチェックすることを忘れない。ちなみに、交渉のタイプには、(ア)紛争・暴力型、(イ)闘争型、(ウ)競争型、(エ)互恵型、(オ)協創型、(カ)自然発生型などがあるが、ロシアは歴史的に(イ)の闘争型、「パパラム交渉」に精通している。

上記のことについて、ロシア政治の専門家である木村汎も、ロシアの対外行動様式について次のような興味深い研究報告をしている。

同氏は、「ソ連の対外行動様式――残念ながら、これを説明する単純明快な公式や理論は、いまだに発見されていない。国際場裡におけるソ連の行動は、他の国家のそれと同様に、そのときどきのほとんど無数といってよい種々さまざまな国際的、国内的諸要因によって決定される。」また「例えば、ある一定時期におけるソ連の国際環境、国内情勢、指導部の内外パーセプション、目標、優先権、能力、手段等である。しかも、これら諸要因の組み合わせは、かならずしも、つねに一定ではなく、流動状態にある」と指摘する（木村、二〇〇二年）。

異国人ミディエーターの活用

ロシアは対外交流、交渉を有利に推し進めるにあたっては、異文化のバックグランドを持つ人材を水先案内人、すなわち、「異国人ミディエーター」として活用したことに特徴がある。

例えば、ロシア政府の船に乗りベーリング海を発見したベーリングや第一回遣日使節として対日交渉のため日本に来航したアダム・キリルヴィチ・ラクスマン、それにロシアの最初の世界周航を成し遂げ、周航記誌日記を残し、一八四〇年代に対日接近をニコライ一世に提案したクルーゼンシュテルンはエストニア人であり生粋《きっすい》のロシア人ではなかった。また、対日交渉の橋渡しをさせられたのは日本人漂流民、大黒屋光太夫であった事を忘れてはならない。そして、ロシア初の世界周航に便乗し、日本人初の世界一周を体験したのは仙台の水主津太夫一行であり、津太夫一行も異国人ミディエーターであった。彼等は大西洋から南米を迂回し、太平洋を横断し、ハワイを経由しカムチャッカに入港。その後、一八〇四年に長崎に達したが、幕府のロシア船入港拒否のため、翌年二月に長崎神ノ島に降ろされ祖国の土を踏むことになる。

以下では、まずロシアの北太平洋進出を領土拡張政策の視点から探ることから始めたい。

ロシアの北太平洋進出と領土拡張政策の戦略

「ロシアではその長い歴史にわたって、国は領土拡張の手段であると同時に、経済開発の手段でもあった。また、西欧には民族国家の伝統があるが、ロシアでは国は民族のためとは考えられておらず、民族の枠を超えて特別の任務を担うものだと考えられてきている。この『ロシアの理想』が、宗教、地政学、イデオロギーに基づいて、さまざまに主張されてきた。ところが、突然、ロシアの領土はほぼロシア民族の居住地にまで縮小し、この任務が拒定された。」（Zbigniew Brzezinski, *The Grand Chess Board*）

一四六九年、ロシアのイワン皇帝はカザフを征服し一躍有名になった。なぜならば、これが当時、異境であったシ

ルージン・エブレイノフの千島探求図（1722年）

ベリアへのロシアの戦略的な進出の始まりであったからである。モスクワ大学のセルゲイ・バフルーシンは「シベリアは、一六世紀以来ロシア国民の企業心と精力をひきつけ、自然発生的な自由の奔流と政府の人為的政策との二重のプロセスを得て獲得された」と述べた（Sergei J. B. Ocherkipoistoririsiberi）。

次にロシアは東方へ進出し、一五八七年にトボルスク村を築き、その後オホーツクまで進出することに成功した。一六五二年には、カムチャッカ半島にロシア村を建設した。その後もロシアは次々と領土を拡大し、今度はアラスカのみならず北米の西海岸の北部まで進出する。この間、ロシアは日本との交易を目的に、日本へ戦略型異文化交渉を通して接近を試みるのである。ちなみに、ロシアは一七一一年、一七三九年、一七七一年、そして一七九二年のラクスマン来航にいたるまで数回にわたって、千島、サハリン（樺太）、それに北海道まで南下を試みる。

海図などがない時代の船乗りたちは、海岸線の光景を見ながら航海を続けていた。岬や岩場、山などを目印にして、海上を往来していたのである。ロシア人とて同様であった。彼等は、大陸からの「海の出口」を求め北太平洋へくり出したのである（S・ズナメンスキー『ロシア人の日本発見』、長谷川毅『北方領土問題と日露関係』、Perry. J. C.

Facing West)。

御雇外国人航海士ベーリング

一七二八年から四一年の期間をかけて、ヴィータス・ベーリング海軍大尉率いる探検隊は、ピョートル大帝の遺命のもとに、シベリアを起点としてアラスカ、アリューシャン列島、カムチャッカ半島、クリール列島、それに北海道から日本本土への海洋ルートを開発した。ベーリングは、デンマーク人でありロシア政府の御雇外国人航海士であった。探検隊の快挙（特に、「ベーリング海峡」発見）は、一八世紀の地理学の金字塔を築いた。一七四一年には「北方大探検」の一部としてアメリカ北西部に到着した。ベーリングは、アラスカの海岸に上陸し、そこの先住民に遭遇した最初のヨーロッパ人である。

ベーリング

彼はセント・ローレンス島を発見した人物でもある。ベーリングの部下が、彼の地理上の発見と、「ソフト・ゴールド」（ラッコ、ビーバー、白テン、狐、アザラシ等の毛皮）がカムチャッカや北アメリカに豊富にあるというニュースを持ち帰った。この「ソフト・ゴールド」に対する要求が、ロシア人をさらに奥地の探検——日本の北方はむろん、アリューシャン列島、アメリカ北西部の探検——に駆り立てることになるである。ベーリングは第一次探検隊を結成した際に、日本との交易も念頭に置き新探検を企画した。

歴史学者のズナメンスキーはベーリングの対日観について、次のように述べている。「また、もし日本との交易が可能ならば、これはロシア帝国にとって少なからず利益を与えることであろう。（中略）たまたま出会った日本船を奪い取ることもできるし、さらにカムチャッカにおいて前述の大きさ、もしくはそれよりやや小さめの一隻の船を建造することも可能である」（S・ズナメンスキー、前掲書）。

一七八四年、コーデアック島でグレゴリー・シェリーホフ（シェリコフ）の指導のもとにロシア人は初めて北アメリカに居留地を建設し、ロシアの文字、宗教、建築、料理などロシア文明を新世界に紹介する礎をつくった。シェリーホフは、北アメリカに交易所ではなく町を、そして商工業が栄え市街地や城をもつ広大なロシア国家を夢見ていた。彼は、北太平洋を結合組織にして本国とつなぎ、ロシア領アメリカを世界経済の中心にしようと考えていた。

「元文の黒船」シパンベルグ遠征隊

ロシア船で最初に日本に来航し、日本人と最初に交渉を試みたのはシパンベルグである。シパンベルグの来航は、ラクスマン中尉の根室来航をさかのぼる五一年前の元文四年、一七三九年六月のことである。そのためシパンベルグ遠征隊のことは「元文の黒船」と呼ぶことができる。ただし、シパンベルグ遠征隊の日本来航の歴史的意義については知られていないのが現状である。

シパンベルグは、一七三七年の六月に日本にむけて出航、千島列島を探検し、千島は三二の島から成りたつと記録書に残した。（実際には千島が二六島からなるとのちにガブリール号船長のヴァールトンが記している。）そして一七三九年には、現在の宮城県仙台沖を三隻の船で探検し、石巻近くの現地の人々と折衝をした。ロシア側も日本側も相互に相手のことを知らないまま、交流し交易をしたことになっているが、ロシア側の基本課題は、ピョートル以来の千島方面の領土拡張戦略と深く結びついていた。

極東のロシア移民の生活安定と繁栄のため、最短ルートにあたる日本からの生活必需品や食料の供給を受けることがロシアにとって急務であった。また、シパンベルグの任務の目的は、(1)まず、寄航した日本までの島々や地域が日本の領域か他のアジアの支配者の統治下になっている場合には、交易を通してロシア領に統合することであり、(2)日本の周辺の島々と日本への航海ルートの調査にあったのである。ロシアの海軍省はシパンベルグに千島と日本調査にあたっては、漂流民を異文化との交渉戦略として利用することを命じた。この漂流民とは一七二九年七月にカムチャッカに漂着したソーザとゴンザである。（大槻玄沢『北辺探事』、御手洗昭治『Unpublished Lecture Notes』）

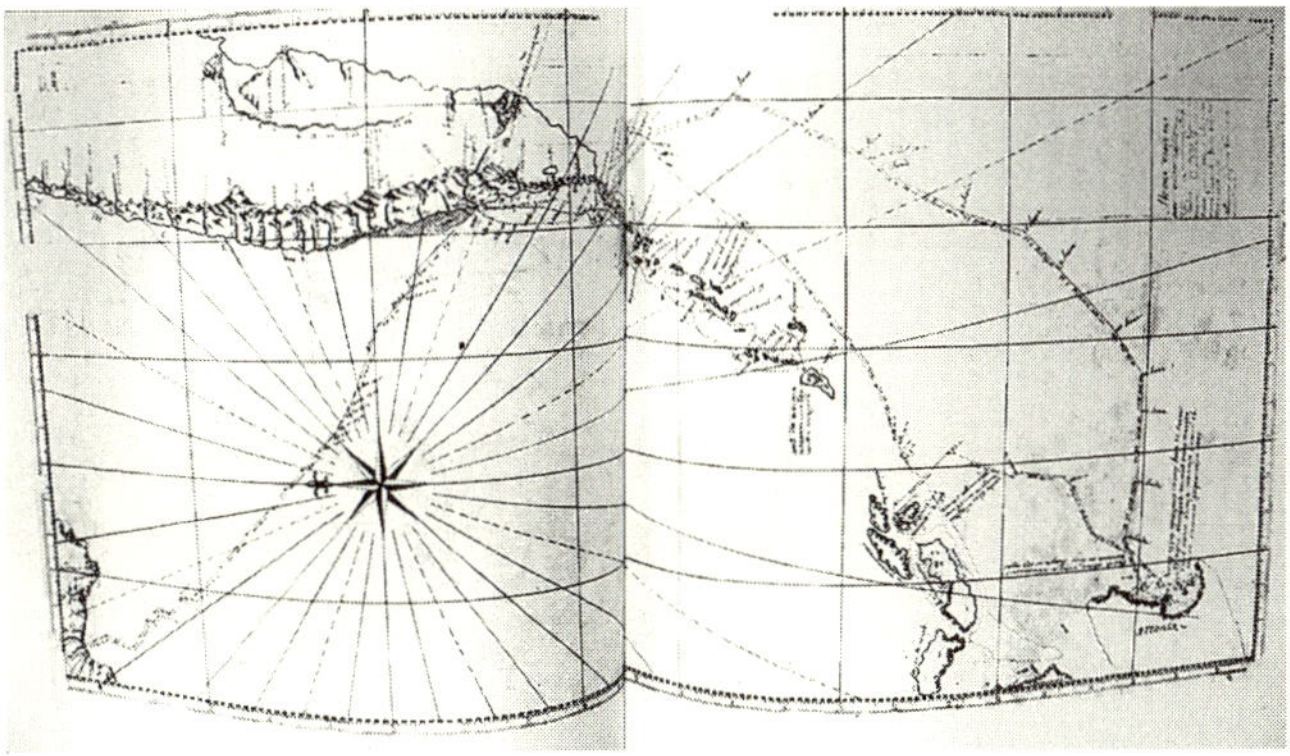

シパンベルグによる千島列島図（1739年）

なお、ロシアに漂着した日本人漂流民の消息については、日本の記録には残っていない。しかし、一七七八年にシャバリン一行がキィタップ（根室半島の北側）に来航した際、生存者利八の義兄フォードルに書状を託し、それが日本側に手渡された記録が、土山宗次郎報告書「蝦夷地一件」（『新北海道史』第七巻・史料一）に残されている。日本人漂流民でロシアのイルクーツクなどの日本語学校教師として従事していたのが、

ベニョフスキー

①一六九五年の伝兵衛（大坂出身で一七〇一年にモスクワ着）と、②一七三四年の薩摩出身のソーザ（一七三六年死去）とゴンザ（一七三九年死去）で、いずれに関しても日本側には記録が残されていない。

なお、日本人が北方への関心を抱くきっかけになったのが、ハンガリー・ポーランドの混血児ベニョフスキーの警告である。

ベニョフスキーは、ロシアの捕虜としてカムチャッカへ流刑になった経験の持ち主であったことから、ロシアに対して一種の憎しみを抱いていた人物である。ベニョフスキーは、自らをオランダ人と称してオランダ商館長に宛てて警告文書を送り、日本の北方周辺に南下してくるロシア人の遠征についての情報を提供した。オランダ側に「かかる害を防ぐためには、船を派遣することが必要である」と日本人に注意をうながし、万が一のためにと「カムチャッカ地図」まで提供する。（拙著『黒船以前：アメリカの対日政策はそこから始まった！』、ズナメンスキー、前掲書）。この情報が幕府にも伝わり、「北警論」が起こったのである。また、松前藩もアイヌの人々の情報を通して、ロシアがカムチャッカを占領し千島を南下しつつあることを知ることになる。

シャバリンの日本遠征

ドーミトリー・シャバリンはイルクーツクの商人であった。一七七七年、ロシアの資産家レーベジェフはシャバリンに「秘密の航海」という名のもとに武装船（ブリガンディ）ナタリア号を提供する。

シャバリンは雇い主であるレーベジェフの指示に従い、（一）一八島以南の毛人の服従、（二）未知の土地とその住民の人口、家屋数の調査を行い情報を得た。また、(三)日本人と交渉するために本船はワニナウに残し、同僚、毛人一名、逃散者一名を伴い、総員三二名を船三隻に分乗させることに成功した。当時、松前藩は択捉(エトロフ)島は、「松前家より法度申付候儀無之、島中無制」としており、それを島の住民も認めていた。そのやさきに、全千島列島の占領を含むロシアの支配が伸びていった。

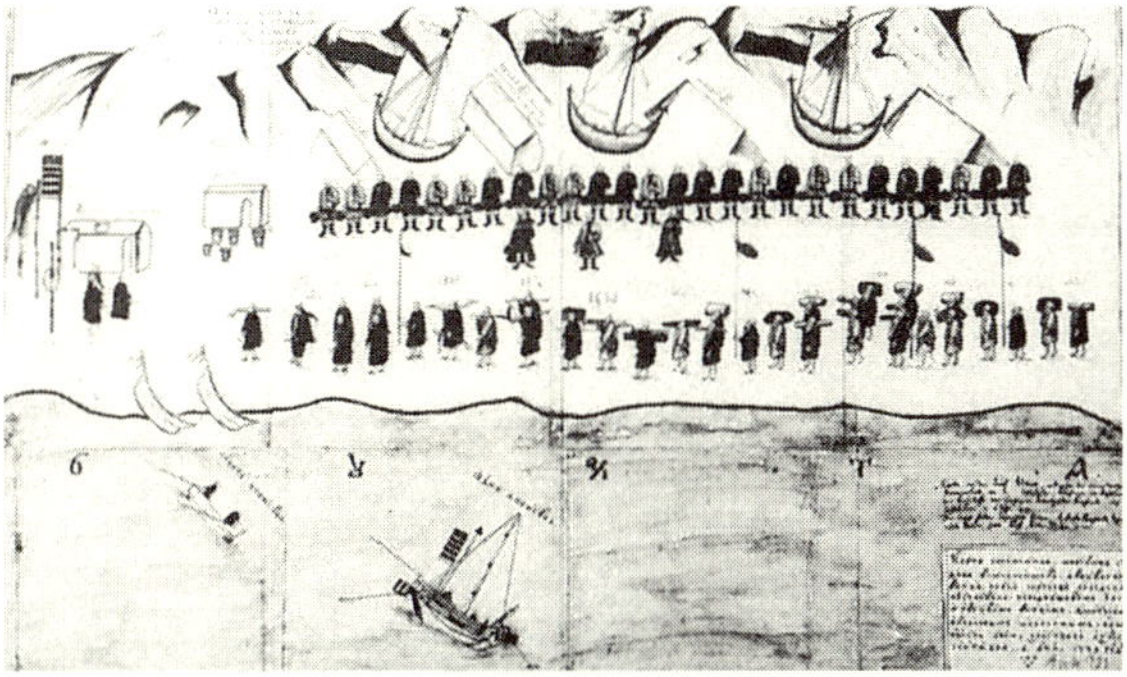

シャバリン自筆　松前藩との会見図(ゲッチンゲン大学蔵)

シャバリンは、一七七八年六月一九日に現在の根室半島の北岸にある厚岸(アトキス)に到着した。しかし、そこには日本船のタンギ・マルが停泊していた。シャバリンは通訳のカントゥシカを日本人(松前藩の役人達)の所に遣し、彼を通して対日交渉に臨み「日本側と相互の友好関係を結びたい。そのためにロシアから来航した」ことを告げた。シャバリンは、通訳に黒パン、白パン、ライ麦を四つのお盆にのせ届けさせた。日本側からは米とタバコが贈られた。翌日、シャバリンは同僚を伴い日本船を訪問する。シャバリンが通商についての話をし始めると、日本の役人達は、政府(幕府)の許可なしには交渉は難しいが、ロシア船が国後(クナシリ)の北岸の岬から離れた湾に来航すれば、日本船が待っていることを告げた。シャバリンがこれに同意すると、日本側の役人達は、一七七九年七月二〇日までに同湾に来航することを希望した。シャバリンは友好関係が結ばれたことと思い、その印に二人の日本船長へオランダの羅紗、靴、バター、綿布などを送呈した。日本

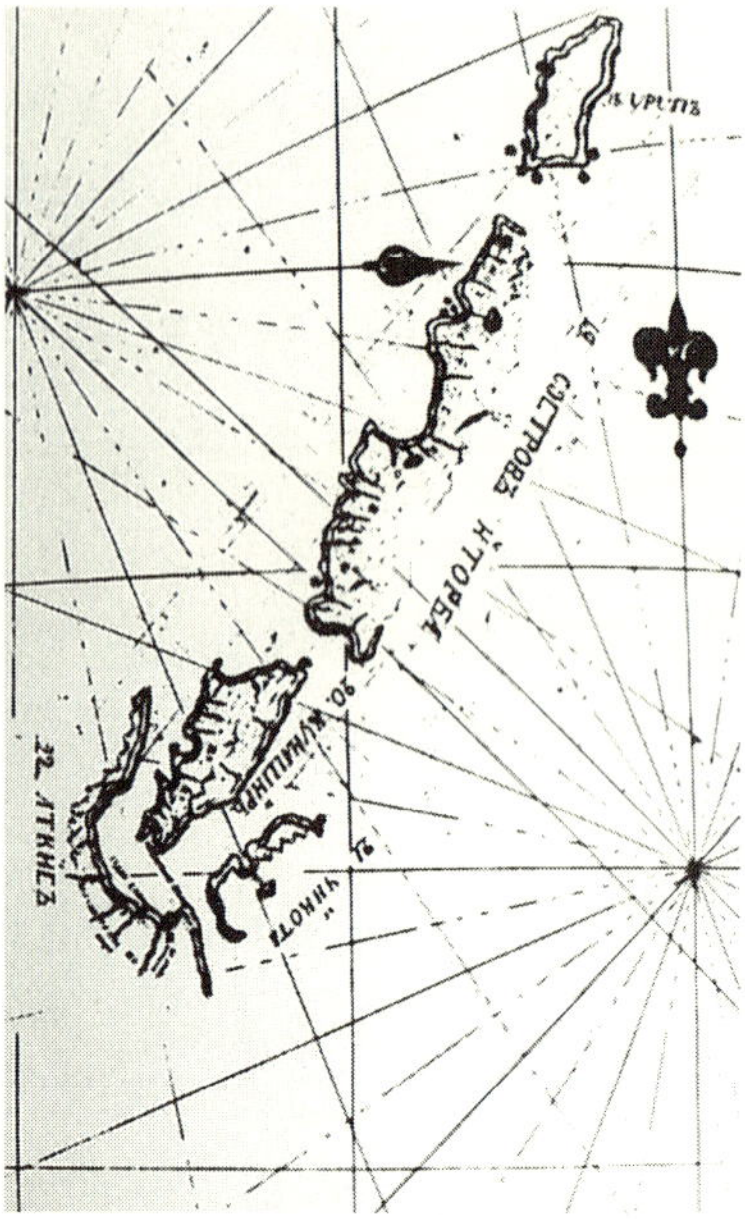

シャバリンによる南千島諸島の図
（1778年頃）

側からは絹や綿製の外套や食器類が贈られた。シャバリンは五日間滞在しウルップからオホーツクへ戻り、日本報告書を提出した。

しかし、この件に関する松前藩の「口供書」によれば、ロシア側からの通商に対する要求は拒否したように記されている。一方、ロシア側の資料では、対日通商交渉実現の可能性があることが記されている。ズナメンスキーは「ロシア人たちは、日本人の回答を必ずしも正確には理解しなかったようである。〈中略〉日本人が交易の可否に関する回答を持って国後へ到来するという日本役人の声明は、日本語の知識の不充分さのためにロシア人にはこのように受け取られたのである」と指摘する。

そのため、翌年の一七七九年七月二五日にシャバリンとアンチーピン一行は、再度、厚岸のツクコシイに入港し、九月九日に松前藩の上官に招かれることになるが、シャバリン一行は、（一）松前での交易は禁止されており、択捉島や国後島に渡来することも禁止する。（二）米や酒が必要であれば、ウルップ島からクリール人を派遣すること。そうすれば、入用品を引き渡す。ロシア人自身が渡来してはならない。（三）どうしても交易をしたいのなら、長崎へ向かうこと、以上を通達される。こうして、日本側と交易を開始しようとした最初の交渉は不成功に終わった。シャバリン一行は、一七七九年九月一三日に厚岸を引き揚げウルップ島に向かった。

しかし、松前藩士は、シャバリン一行が厚岸に来航し交易を求めた際に、一行からロシアの国内事情やその他の情報を得、ロシアに対する知識を深めた。そのことが、松前広長の『松前志』に記録されている。ドーミトリー・シャバリンは、ロシア人として始めて日本の最北端である蝦夷地（北海道）に到着し、交易の可能性を探った。また、松前藩士との折衝も試みた。その結果、幕府の前に始めて日露交易という問題が提示され、正式な日露交渉や通商問題への課題が残されることとなる。

ロシア側ではエカテリーナ二世が、すべてのロシア人に「何の制限もなく、クリール諸島における狩猟と交易の権利ならびに日本との交易の権利が与えられる」ようイルクーツク総督に命令を下した。そのため、シャバリン日本遠征隊に投資した資産家レーベジェフの価値はいちじるしく低いものとなった。彼に対する国からの特別な見返りもなかった。これ以後、ロシアは国益を中心とする地政学的な視点で日本に接近を試みることになるのである（「吟味書」、「北門叢書」大友喜作。庄次郎認書「異船来漂民流帰朝紀事」（岐阜県下呂町、武川久兵衛所蔵、天明五年（一七八五）年六月二五日）。

ラクスマン使節団派遣の目的

極東、カムッチャカ方面に対するロシア政府のビジョンには、日本との通商条約を設定することが含まれていた。しかし、ロシアは現実にはそれを展開できずにいた。ロシアはまた、日本列島への進出と同時に北太平洋方面における進出を国家戦略構想に組み入れてはいたが、実際にそれを組織化し得なかった。欧米の列強が重商貿易から新しい資本制生産を中心とする自由貿易へ移行せんとする段階において、ロシアは遅れをとったものの当時のグローバル貿

ラクスマン（函館市立図書館蔵）

易への進出を希求したわけである。

　ラクスマン使節団の来航の主たる戦略目的は、従来から日本の歴史書で語り継がれてきた友好関係樹立という交流史的なものではなく、シベリア毛皮資本振興のためにとられたツァーリズムの保護政策にあった。

　ラクスマンの対日交渉は以下の理由に基づくものであった。
（一）毛皮資本のアリューシャン列島から北米のアラスカ進出と救助した日本漂流民をテコに対日接近を遂行。
（二）一八世紀のロシアの軍事的・経済的エクスパンション（拡張）に対応するためラクスマン中尉の父であるラクスマン教授の極東勤務。それに伴う父子の日本研究と日本人漂流民との接触。（三）毛皮資本のグローバル市場開発という強いミッションと対日貿易への期待。女帝エカテリーナ二世によるロシア商業資本（重商主義）に基づく諸外国に対する「国益優先フロンティア拡大論」の成立である。
　日本に派遣されたアダム・キリルヴィッチ・ラクスマン中尉（フィンランド人）は、一七九六年女帝エカテリーナ二世に対し、同年の秋に予定されていたシベリア商人達の長崎行きの際に日本政府との通商許可書を与えるよう上申していた。父のキリル・ラクスマン教授は、ヨーロッパの列強が戦争に没頭して北太平洋地域での貿易まで興味を示していないこの時期こそ、日本との通商の道を開く必要があると女帝に提唱した。ラクスマン中尉は、次に一七九四年にアリューシャン列島のアンドレヤノフ諸島に漂着した漂流民（仙台の津太夫ら一六名）をテコに使い本国に送還させ、日本との通商の道を開くことを上申したのである。また、長崎渡航を求めていたシベリアの商人達は、露米会社の前身シェリーホフ・ゴリコフ商会と競争関係にあったので、弱体化していた同商会を出し抜いて、千島列島の開発と移民、それに対日通商を実現しようとするビジョンを持っていた。

その一方、同商会のシェリーホフ夫人は、一七九八年十月七日に新たに資本金二、五四四、一〇七ルーブルの「露米会社」の設立趣意書と会社規定を、当時の商務省官房長官に送った。その書類は、中国の広東、マカオ、インドネシア、フィリピン、日本との通商権を認めるように請願し、夫によるアメリカ大陸北西部と千島列島、特にラッコで知られるウルップ島における移民と農業開発の実績を強調するものであった。

結果、一七八九年の九月には、対抗型対日交渉の旗手として有名なニコライ・ペッテヴィッチ・レザノフが「露米会社」の総支配人となった。レザノフは、皇帝はじめ政府高官を新会社の大株主に迎え、国家保護のもとに事業家としての活動に入るのである。

そして、一七九八年にエカテリーナ二世の後を継いだパーヴェル一世は、翌年七月に勅令を公布し、ロシア領米会社の設立を正式に決定した。ここに、シェリーホフ・ゴリコフ商会は発展的解消をし、千島列島、サハリン（樺太）、アリューシャン（アレウート）列島、それにアラスカからカリフォルニアに至る広大な領土空間における「植民地事業」を新会社が継承することになるのである。

幕府のロシア南下楽観論

では、当時日本の幕府はロシアの現代の北海道を含む北辺地域に向かっての動きをどうとらえていたのであろうか。一七九三年に松平定信は老中を辞した。定信は、中井竹山の説を受容し、現代の北海道である北方地域に対しては、「蝦夷地非開拓」主義者であった。とはいえ、一七九八年と一七九九年になって、蝦夷地開拓が突如として国策として採り上げられるようになった訳ではない。

帰属の不鮮明な東蝦夷地の開発は、すでに前政権の田沼意次によって採り上げられていた。ただし、これは『赤蝦夷風説考』の作者工藤平助や『蝦夷拾遺』の著者本多利明の貢策に負うところが大きかったのである。田沼意次は、『赤蝦夷風説論考』の愛読者であった。しかし、ドナルド・キーンによれば、田沼意次の失脚後は前述のように『赤蝦夷風説論考』も『蝦夷拾遺』も幕府の文庫の奥深くしまい込まれたという。

and his (Tanuma's) successor showed himself to be without interest in the explorer's information. The Ezo Miscellany, like so many useful books written about this time, was consigned to oblivion in the government archives. (Keene, Donald. *The Japanese Discovery of Europe*, 1720-1830)

幕府による一七八五年から一七八六年の北方調査は、蝦夷地の水産資源、地下資源、農地開発はもとより、南下するロシア人の交易の実態調査に及び、新財源の開発を核とするものであった。当時幕府側は、まだロシア人の南下を国土防衛の脅威とは想像もしていなかった。ロシア人が日本に求めるものは、交流を通しての交易であり領土的野心からではないというのが当時の見解であった。この見解は、当時箱館奉行として東蝦夷地の経営にあたっていた羽太正養の『辺策私弁』に継承されていった。楽観論者と呼べる松平定信の「非開拓論」によれば、(一)北方の自然環境の厳しい蝦夷地の開発は容易ではなく、(二)そのまま放置する方が賢明であり、(三)たとえ異国人が東蝦夷地に侵入したとしても、彼等は長く大軍を留めることは不可能であり、(四)よって、異国からは狙われることはないであろうという、危機意識不在のものであった。

ところが、一七九三年、ラクスマンの来航に続き、ロシア人のウルップ島植民などロシア勢力の接近と、一七九六年〜九七年(寛政五年)の二回にわたるイギリスのウイリアム・R・ブロートンの室蘭(エトモ)来航は、単なる地理学的調査が目的ではなく、「占領」を前提とする戦略的接近行動であることが認識されるようになるのである。

食糧基地としての日本

歴史的にロシアの海軍省は、日本を食糧基地として捉えていた。一八〇二年のはじめにサルイチェフ提督が、オホーツクやカムチャッカ半島の植民地にヤクーツクから生活必需品を運ぶより、日本から食糧を仕入れた方が得策であることを海軍省に進言した。また、オランダとイギリスの東インド会社植民地を歴訪したクルーゼンシュテルンも、同年一月に、インドと太平洋諸国との貿易を推進する会社の設立計画を海軍省に提出した。

このような当時の国際情勢を考慮に入れた上で、露米会社は、同年七月二九日に、ロシア初の世界周航隊を太平洋に派遣して通商、航海の発展とフロンティア拡大を提唱する主旨の申請書をパーヴェル一世の後を継いだアレクサンドル一世に提出した。この申請には、千島列島のウルップ島(ラッコ島)の植民地を強化し、千島アイヌの人々を通して、日本政府との交渉に備える方針などが明記されている。こうして、アレクサンドル一世は、一八〇二年レザノフに対し「露米会社」による世界周航船派遣の許可を与えたのである。

これに加えて、アレクサンドル一世はその派遣を機に、対日接近戦略の執行手段として日本人漂流民を返還させることにした。これについては、レザノフと親しかったニコライ・ルミャンツオフからも提案され、彼はこれを機に日本と再交渉を行い「通商関係」を開くことの許可を一八〇三年二月二〇日に皇帝から得たのである。

因みに一七七八年のシャバリンの対日交渉、それに一七九二年のラクスマン中尉による対日交渉、またその後のシェリーホフによるウルップ島植民などは、一七九〇年代の北太平洋のロシア領に課せられた諸問題を解決する方策として「領土拡張政策」という国家戦略の一端として行なわれたものである。かれらの対日異文化接近は個別の現象ではなく、新植民地の当面する課題の解決策として採られたものであって、相互に密接な関連を持っていった。歴史学者のレンセンは、帝政ロシアの「露米会社」の位置づけは、ロシアの北太平洋やハワイ、それにフィリッピン諸島も視野に入れた「シー・パワー」構想に基づく領土拡大政策であると次のように述べている。

The company was entitled to maintain military and naval forces, to build forticifications, occupy newly discovered territories, and trade with foreign countries. It had the exclusive privilege to concern itself with the establishment of relations with Japan. ...In the eyes of some, tzarist government saw in the company a tool for making the northern Pacific an 'inland sea' of the Russian Empire. 'This plan presupposed the further entrenchment of Russia along the west coast of North America, including California, the Hawaiian Islands, the southern part of Sakhalin and the mouth of the Amur.

These colonies, together with Kamchatka, Alaska, and the Aleutians, which already belonged to Russia, were to make that country the all powerful master of the whole Northern Pacific." (Lansen,1959, pp.124-125)

要するに、一八世紀後半以後ロシアはジョン・C・ペリーの説く「大北方三日月地構想」（Great Northern Crescent）に相当する日本・千島・米国を包括する「大南東方三日月地構想」（Great South Eastern Crescent）を、国家戦略として打ち出していた（Tomlin,p.2）と言えるだろう。

ロシアの植民地獲得運動と北アメリカ北西部の魅力

一八世紀後半は二百年にわたる欧米の植民地獲得運動のファイナル・ストレッチ（最終段階）にあり、アメリカ北西岸が列強の植民地獲得競争の終点となっていた。スペインは国力の限度まで植民地を拡大した結果、その維持が困難になっていたため、この時期にアメリカ西海岸のカリフォルニアに進出したのは、ロシア人の南下に刺激されたイギリスであった。

イギリスは、一七七〇年にカリフォルニアのモントレー、それに一七七六年には世界最良の湾を持つサンフランシスコを占領した。一七七五年にはスペインもアメリカ北西岸に沿って探検隊を北上させたが、思ったほどの成果は上がらなかった。

イギリスに対し、当時のロシアの地政学的戦略とパワー、それに経済活動はウラルより西にあり、北西貿易はロシアの中心から離れているため分が悪かった。ロシアは清朝とのルネチンクス条約（一六八九年）で、アムール川流域に対する請求権を放棄せざるを得なかった。アムール川領域は現代と同様に、当時も肥沃で広大な平地が広がり、冬は比較的温暖で、ロシアにとっては地政学的に、また農業面においても何としても手中に収めたい領域であった。さらに、その地は太平洋という大海への出口でもあった。

南へ向かうことを阻止されたロシアの領土膨張エネルギーは、北東部、すなわち「北アメリカ」へと向かうこととなった。ロシアの戦略では、河口を目指し、河口に沿いながらシベリアを横断し、オホーツクを目指した。これはかつての東方への膨張パターンを再現したものであった。ただし、ロシアにとっては、北アメリカまで進むには、太平洋を横断するための「シー・ルート」を確保する以外に方法がなかった。ロシアは一七七九年になってようやく、北アメリカにアレクサンドル・A・バラーノフを中心とした植民地政府である「露米会社」を設立する。当時は、モスクワからロシア領アメリカまでは七ヶ月もかかった。ロシアにとっては、アラスカのシトカそれにコーディアからは、本国のペテルブルクよりもアメリカの西太平洋岸（Far West）の方が、距離的にも時間的にも近かったのである。

アメリカはといえば、一七八五年までは、当時敵国であったイギリスを北大平洋の国際的な商業活動から締め出し始めていた。そして、ロシアの主な競争相手になっていった。一七九六年から一八〇二年の間、北米地域と中国の間で行われていた海洋毛皮貿易は、実際にはアメリカ人の手にわたることとなった。たとえば、企業家として知られているジョン・ジェイコブ・アストールは、ニューヨーク州から「太平洋毛皮会社」を設立する許可をもらった企業家である。その結果、オレゴン州の北米最北端の「アストリア」（Astoria）という町が誕生することになるのである。作家のアービン・ワシントンの作品で有名になった「アストリア」の地名は、上記の事柄に由来する。ちなみに、米国最大の毛皮資本アスターは、オレゴン州のコロンビア河口を手中に治めたが、一八一二年の米英戦争の勃発によってノースウエスト会社に占領され、アストリアは「フォート・ジョージ」（Fort George）と改名される。しかし、一八一四年のゲント（Ghent）米英講和条約でアメリカへ返還される。

ところで、ロシアの北太平洋両岸に対する支配を刺激した要因は何であったのだろうか。次にそれに関して探ってみたい。

キャプテン・クックとロシア

一八世紀末における欧米商業資本の最大の関心は、太平洋と大西洋を結ぶ最短航路である「ノース・ウエスト・パッサージ（北西航路）」の発見にあった。一七七八年にキャプテン・ジェームス・クック探検隊がアメリカ北西岸を豊富な毛皮の新資源地域と紹介した。キャプテン・クックは、北西部のヌートカ湾をKing George Bayと命名する。その後、広東を中心とするイギリス商業資本がアメリカ北西岸に殺到して巨利を得た。イギリスはアメリカ合衆国の独立によって広大な植民地を失ったため、太平洋における新領土の発見にはきわめて熱心であった。外交史専門家のジョン・C・ペリーによれば、キャプテン・クック探検隊の役割は、デンマーク生まれでロシア海軍将校であったビータス・ベーリング探検隊がロシア毛皮資本の東方進出の先駆者となった役割に等しいものであった（J. C. Perry, pp.13–22）。

キャプテン・クック探検隊の新ルート発見はロシアも刺激した。このためロシアはアメリカ植民地領有の既成事実の確保を急いだ。ロシアの新領土にとってこれらの海洋先進国の北上は仮定の問題ではなくなったのである。クック探検隊以来、イギリス船がアラスカ近海に来航してロシア人と接触した事例もしばしば起こった。アメリカの独立運動の際にロシアが武装中立したり、露土戦争やポーランド分割によってロシア領が急速に膨張していったことにより、イギリスはロシアを敵視していたことを想起する必要がある。一八世紀に日本がロシアの南下を警戒したように、ロシアもイギリスなどの列強が北太平洋地域に北上を続ける動向に対して警戒心を抱くようになり、防衛の必要性が現実の問題として浮上するのである。

ロシアのアメリカ北西岸進出を促したキャプテン・クックの新ルート発見について歴史学者のヘクター・シヴィグニーも次のような見解を述べている。

France, despite her revolutionary troubles, eventually sent an inquiring expedition,that of La Perouse. England sent James Cook, her most famous explorer, who did more than merely see what the Russians went up to. The charts resulting from this expedition were subsequently adopted by the Russian themselves, down to the English names bestowed on many places...Irkutsk, which had been kept apprised of the Cook exploration while it was in progress, presently learned of the sale of otter pelts at Canton（Chevingny,pp.48-49）.

アメリカとフランス、スペインの動き

一七八四年以降、新たに独立したアメリカも茶の輸入目的のため広東を目指して太平洋貿易に乗り出した。しかし、イギリスの資本家達が、広東のみならずアメリカの北西岸地域においても利潤を上げているニュースは東海岸のニューヨーク、ボストンの業者達を刺激することになる。そのため、一七八八年アメリカ資本は、北西岸にあるイギリスの拠点であるヌートカへ進出を始めるのである。

一七八六年フランスのラ・ペルーズは北太平洋を探険して、盟邦スペインに対してロシアの北太平洋占領とイギリス資本のアメリカ北西岸進出を警告した。一七八八年と八九年にスペインのカリフォルニア当局は探検隊を北上させヌートカを占領し、イギリスの勢力を駆逐してしまった。これが両国政府間で国際問題に発展し、一七九〇年一〇月

にスペイン政府はイギリスから最後通牒をつきつけられ退却せざるを得なかった。さらに一七九二年から九三年にかけてのジョージ・バンクーバーの航海はカナダの太平洋海岸をイギリス領に編入する基礎をつくった。バンクーバーはキャプテン・クックの第二、第三航海に参加し、一七九二年から一七九五年にはディスカバリー号の艦長としてカナダのヌートカ島をスペインから奪取するとともに北緯三〇度以北の北米西岸を測量するために派遣された。ワシントン州とカナダの「バンクーバー市」(Vancouver)は、双方とも彼にちなんで名付けられた地名である。

ロシアの毛皮豪商達

一八世紀の北太平洋におけるロシアの毛皮業者は、東はアレウートからアラスカを目指し、南は千島を南下し日本との戦略的接触を企図していた。ロシアの豪商であったラーストチキンは、一七七二年から一七八五年まで国家権力の意図を体し密接な「半官半民」の名のもとに、国家に代わって南千島の占領と経営にあたった。ラーストチキンは、その間に「秘密探検隊」を編成させ、松前藩と直接交渉を試みようとした。

・ラーストチキンの秘密探検隊

バーウエル・レベージュフ・ラーストチキンは、一七七五年六月五日、ムーヒンという商人にニコライ号を購入して与え、秘密探検隊を編成し日本探検を実行するように要請した。日本人通詞にはシベリア出身のアンチーピンが任命され、彼の部下の通詞、役人、水夫、医師らも探検隊に加わった。また、ラーストチキンは、以下の訓令を「秘密探検隊」に与えた。

（一）［ロシア・プロトジャーコフ隊の略奪とアイヌの人々の反撃を教訓とし、］アイヌの襲撃に対しては充分な警戒を怠らないこと。（二）あくまで、自分達が商人とみせかけ、（三）日本人の防衛の実態を調査し、（四）ロシア移民のため、農地を調査すること。

しかし、結果的には松前藩との直接交渉の試みは失敗に終わる。これによって毛皮資本が対日通商関係の樹立を断念したわけではなかった。彼らの関心が千島に代わって、それよりも有利なアラスカ方面に向けられただけのことであった。

・「ロシアのコロンブス」シェリーホフ

「ロシアのコロンブス」と呼ばれたシェリーホフは、一七七七年からレーベジェフ・ラーストチキンの千島経営に投資し共同経営を行っていた。しかし、彼も千島の事業から離脱して東方進出へ専念するようになった。シェリーホフは、一七八四年八月にアラスカ沿岸の原住民を服従させて、ロシア植民地の基礎を固めることに成功した。

エカテリーナ二世（一七二九年～一七九六年）は、シェリーホフのカジヤーク島とアラスカ占領に対して、綬付金牌と金剣を与えた。そしてこの新領土の確保と毛皮業保護のために政府は、一七九二年にビーリングスとサールイチェフに北方探険を命じた。彼らの目的は、新領土に対するロシアの防衛力のイギリスに対する示威であり、加えて新領土の測量と地図作成であった。

しかし、シェリーホフは一七九五年にイルクーツクで死去した。彼は生前大いに活躍した人物であったが、また多くの仕事を未完成のまま残していった。例えば、シェリーホフは、一七九四年にはイルクーツク・オホーツク間の最短距離を見つけウダ河口に港を開くために、自費でアムール川、ウダ川方面の探険をしたいと願い出た。イルクーツク総督は、その通路が中国の領地を含んでいたので国際紛争になることを恐れ許可を与えなかった。より興味深いことに、シェリーホフは、政府に対し、自分の会社に日本、中国、インド、フィリピンとの貿易を許し、手腕家の領事を派遣されたいという懇願書を提出したこともある。

Few of the merchants paid much attention to the world beyond their own, but Grisha Shelikhov was of a more inquiring mind. He has acquainted himself with the geography of the Asian coast. He understood the need to retrieve the Amur, at least for navigation; his thinking encompassed trade with Japan, the Philippines, and other known places in the pacific. He understood also how weak in fact Russia's claim to the Aleutians. When all was said and done, there were only temporary camms out there. (Chevigny,p.53)

シェリーホフ本人は広東貿易を目論んでいたのであるが、フランス革命勃発のためこの計画は彼の生前、実現しなかった。しかしながら、シェリーホフの未亡人は相当にしっかりした女性であり、同志の援助のもとに亡夫の遺業を受け継ぎ、会社を益々発展させた。それは、婿にあたるニコライ・ペテロウィチ・レザノフ（一八〇四年の遣日使節）の助力に負うところが多かった。レザノフは、元老院第一局の幹事をしていた時に、エカテリーナ二世の命により、シェリーホフの事業を観るために政府からイルクーツクに派遣されたことがあり、シェリーホフと意気投合して彼の娘（アンナ・グリゴエーヴィナ）を娶り彼の片腕となったのである。

シェリーホフの圧迫を受けていたイルクーツクの毛皮商人たちは、未亡人に対しさかんに攻撃の矢を放つようになった。このため、レザノフはそれらの商人の会社と自分の諸会社とを一つに合併して、一七九八年に「露領アメリカ会社」（「合同アメリカ会社」とも言われる）という一大会社を設立したのである。そして、イルクーツクの本店の外に、ガヂャク、ウナラシカ、ウラクの各地に支店を置き、千島にも支店を置くことにした。

特筆すべき事は、シェリーホフ未亡人は商務省官房長官にロシア・アメリカ会社の新会社に広東、マカオ、バダビア、フィリピンならびに「日本」との交易権の付与を請願し、亡夫シェリーホフがアメリカ北西部および千島の開発に尽くし、千島では特にウルップ島に「対日交易」および農耕のために移民を入植させた旨を強調したことである。その結果、レザノフは新会社の総支配人として宮中に出入りし、勢力をもっていた関係者を通じ政府との一切の交渉にあたった。レザノフは「露領アメリカ会社」を国家的事業として政府の援助のもとに置くことに成功した。一七九九年六月に皇帝パヴァル一世の勅許を受け、該会社は「露米会社」と改名されロシア政府の保護を得た後、本店をペテルブルグに移すことになった。そして、皇帝をはじめ皇族や多くの貴族商人達らがこの「露米会社」の株主となったのである（平岡、前掲書、真壁『日露関係史』）。

露米会社と日本との関係

ところで「露米会社」の主要業務は何であったのであろうか。要約すれば次のようになる。(1)植民地における産業の育成と経営、(2)会社の経費による植民地との通航の促進、(3)太平洋諸地域の発見と占領、それにロシア正教の布教、(4)各地域における毛皮業の促進、(5)原住民との友好関係の保持と対原住民交易の伸展、(6)許可があれば、広東それに日本その他の国に対する通商関係の締結という六つであり、これらはいずれもシェリーホフの一貫した戦略計画に基づく構想であった。

次に「露米会社」の対日接近の動向と戦略について述べてみたい。

皇帝の保護下に「露米会社」が設立され事業の発展が期待されたが、極東・北太平洋植民地への物資補給難とキフタへの長途の輸入による毛皮の損耗はこれまでどおりであった。この問題解決のためにエカテリーナ二世（一七二六年～一七九六年）の時代にロシアはバルチック海から艦隊を派遣して、植民地の保安のほかに北日本の官憲と交易について交渉することが計画されたが、スウェーデンとの戦争のため中止され、ついでアダム・キリルヴィッチ・ラクスマン中尉が日本に派遣されたが不成功に終わった。ラクスマンの帰国後、シェリーホフは食料の自給とアイヌの人々を通じて日本人からの食料入手のため、ワシーリー・ズベズドチョフを団長とする四〇人の狩猟と農業を兼ねた移民をウルップ島に入植させたが、失敗に終わった。

ところで、この問題の解決策として海軍大尉のイヴァン・フョドロヴィッチ・クルーゼンシュテルンは、一八〇二年一月に海軍大臣のニコライ・セミュノヴィッチ・モルドヴィノフに対して、バルト海から北太平洋地域に必要な物資を輸送し、帰路中国の広東で毛皮を売り、その後東南アジアで商品を購入し帰航するという意見書を提出した。

幸いにも同年の三月一五日に「アミアン和平」が成立し、「第二回対仏同盟」は解消し、ヨーロッパに久々の平和が戻ったのである。このためクルーゼンシュテルンの計画は、実現性を帯びていたものだったのでかなりの期待がもたれた。そして、この計画に関与したのがレザノフであった。

アレクサンドル一世は、一八〇二年の七月二九日に「露米会社」による世界周航船派遣に許可を与えた。また、その派遣を機に日本人漂流民の送還を「対日交渉」の「テコ」とし、日本との通商関係を開くことが、レザノフと親しかった商務大臣ニコライ・ペトロヴィッチ・ルミャンツォフから提案され、翌年の一八〇三年二月二〇日にアレクサンドル一世の裁決を得たのである。

クルーゼンシュテルンの構想とレザノフ遣日使節

その後、一八〇四年九月二六日にレザノフが第二回「遣日使節」に指名され、皇帝の親書を携えて日本に交渉のため赴くこととなった。場所は江戸ではなく長崎であった。

レザノフは対日交渉を有利な方向に推し進めるための戦略として、幕府側に対して日本人漂流民である津太夫ら一四名の送還を考えた。レザノフはオランダ人商館長と書記、それに通詞と検使二名を伴ってナジェージダ号に乗船した長崎奉行に対し、「江戸にて将軍と会見しアレクサンドル一世の親書を奉呈したい」と申し出た。しかし、この要求は拒否された。また、日本の国法に従い一切の兵器や武器を日本側に引き渡すことを要求されたのである。レザノフの思惑は、津太夫一行を検使に引き合わせ、その後オランダ商館長らとともに会見し、ペテルブルグ駐在オランダ公使の長崎商館長宛の紹介状、東インド会社オランダ総督宛訓令書を提出し、商館長の好意的処遇を期待したが、交渉は儀礼的なものに終り、当初期待した目的を達成できなかった。

この交渉計画は、貿易国家としてのロシアの発展を企画したエストニア出身のクルーゼンシュテルンの構想に基づくものであった。クルーゼンシュテルンは、北大西洋の植民地に食糧および造船用資材その他を送り届けるとともに、通商航海の発達を促進するため、ロシア初の世界周航を行った人物である。露米会社理事会は、アレクサンドル一世に対し、千島列島のウルップ島の旧入植地を再興して、アイヌ人を用いて日本の幕府に気づかれないように日本人と交易を行い、食糧を入手してカムチャッカやオホーツクに補給することを提案し、遠訪隊に物資を提供し、隊員に学者、士官、商社員を加えること、また銀行から二五万ルーブルの融資がなされることを願い出た。（真壁、前掲書）。

クルーゼンシュテルンは、オランダとイギリスの東インド会社植民地を歴訪した人物であり、一八〇二年にインドと太平洋諸国との貿易を推進する会社の設立計画を海軍大臣に提出した人物である。同年七月二九日に、ロシア領アメリカ会社がロシア最初の世界周航艦隊を太平洋へ派遣し、通商と航海発展を期したい旨をアレクサンドル一世に上申した。この上申の中にウルップ島を強化するとともに、千島のアイヌ人を通して日本との通商交渉を進める対外戦略構想が打ち出されていた。

レザノフは当初、帝政ロシアの軍事、政治の遅れや、近視眼的な政策、それにロシア領アメリカ会社の設立を批判していた。しかし、レザノフがクルーゼンシュテルン等の対外戦略構想を信じた理由は、当時の「露米会社」の事業展開と帝政ロシアの「シー・パワー」に対する期待が政府内の中にも高まっていたことによる。その後、この対外構想は「露米会社」の利益のために国家を利用したいレザノフにとって、当時好都合のものと映るようになるのである。しかし、その思惑は外れることとなった（木崎『漂流民とロシア』、高野『日本とロシア』）。

レザノフ

歴史学者のレンセンは、帝政ロシアの「露米会社」の位置づけと、ロシアの北太平洋やハワイ、それにフィリピン諸島も視野に入れた「シー・パワー」構想に基づく領土拡大について次のような分析を行なっている。

The company was entitled to maintain military and naval forces, to build forticifications, occupy newly discovered territories, and trade with foreign countries. It had the exclusive privilege to concern itself with the establishment of relations with Japan. ...In the eyes of some, tzarist government saw in the company a tool for making the northern Pacific an 'inland sea' of the Russian Empire. 'This plan presupposed the further entrenchment of Russia along the west coast of North America, including California, the Hawaiian Islands, the southern part of Sakhalin and the mouth of the Amur.

These colonies, together with Kamchatka, Alaska, and the Aleutians, which already belonged to Russia, were to make that country the all powerful master of the whole Northern Pacific."（Lensen,1959, pp.124-125）

ちなみに、一八〇〇年の初頭に露米会社に雇われたアメリカ船の記録が残っている。この船はカムチャッカ半島と北米へ向かう途中、長崎に立ち寄ったがロシア旗を降ろすように命じられた。当時の日本側のロシアに対するステレオタイプに関して、歴史学者のＲ．ヒンドレスが次のように述べている。

「一八〇七年、ボストンのエクリプス号（Eclipse）が広東でロシア・アメリカ会社（Russian American Company, for kamtchatka and the north-west coast of America p.453）に雇われ、カムチャッカとアメリカ北西海岸へ行く途中長崎に入港した。（中略）やがて、オランダ人が一人乗ってきて、日本人はロシア人を嫌っているから、掲げているロシア旗を下ろすように忠告した。」また、「何が欲しいかと尋ねた。すると、料水と食料と答えたので、魚、豚、野菜及び水桶を多量に船上へ供給し、その代金は受け取らなかった。貿易ができなと分かるやいなや船は三日目に碇を上げ、百隻近くのボートにわかれて外海へ去って行った」。（Hildreth, R. *Japan As It was And Is*）

なお、レザノフの長崎交渉は前述したように失敗に終る。レザノフ事件は、日本人が鎖国以後に最初の欧人との交戦となった事件である。しかも、これは、日本にとって完敗に終わった衝撃的な事件であった。ロシアの北太平洋進出の背後には、国家権力の領土拡張主義と特権資本露米会社の営利主義とが絡み合うものがあった。

露米会社の衰退

アレクサンドル一世の「植民地鎖国令」は、千島方面におけるロシア領についてウルップ島を南限としていたが、「露米会社」の衰退はロシア政府の「対日通商行動」をも鈍化させた。その後日本の北方地域にも静寂が戻った。幕府は一八二一年の一二月七日、蝦夷地の直轄を止めこの地を松前藩に返却した。その一方で、日露関係の沈静化とは逆に、日本の周辺には欧米列強の異国船が出没するようになった。

しかしながら、他の利益を得ていないロシアは物資供給と毛皮売却の点においても、周航船以外の広東、ハワイ、カリフォルニアにおける貿易はすべて英米船に依存せねばならなかった。特にハワイは農産物も豊富であり、造船材料も入手できるという関係上露米会社はハワイ諸島のカウアイ島の部族長に交渉し、ワイナア湖畔に植民地村を設け要塞まで築いた。しかし、間もなくカメハメハ一世王の知る所となり、アメリカ側の援助を得た王の為にロシア側は撃退された。ロシアはフィリピンとも貿易を試みたこともあったが、これも失敗に終わる結果となった。

このため露米会社は、この苦境を打破するために対日交渉に深い関心を持たざるを得なかった。一八三五年に露米会社はロシア政府から以下の五つからなる規定の許可を受けた。

（一）船長は機敏で思慮に富むこと。（二）船長は日本の官僚とは公式な交渉はしない。（三）送還する日本人を上陸させた土地の長官または住民と会う場合、ロシア人の友好的で親切なことを十分悟らせること。(四)日本人をできるだけ親切に世話し、出発にあたって一切の必需品を与えること。(五)日本人を彼らが望む場所に、それが不可能なら最寄りの都合のよい島に上陸させること。以上の諸条項を守る条件で、ロシア領沿岸で救助した三人の日本人漂流民をオホーツクから択捉島に送り届けるというものである。そして、一八三六年八月にオルロフ少尉の指揮の下に三人の漂流民を送って択捉島のフレベツに来航した。

しかし、日本政府は漂流民の受け取りを拒絶して、いきなり大砲を打ち出したのでオルロフは漂流民を択捉島のフルベツ村付近に上陸させて帰航した。ロシア側の最初の試みは失敗に終わったが、露米会社の方針は変わらなかった。

ガバリーロフの北海道接近の試み

一八四三年、ロシア政府は、当時カムチャッカ滞在中であった八人の日本人を一八三五年の規定を守り、択捉島に送り届けることを露米会社に委託した。これらの日本人漂流民は越中富山の領民で一八三八年に長寿丸に乗り込み富山の西岩瀬を出航し、同年一一月仙台唐丹港を出航後太平洋で遭難し、翌年の四月アメリカの捕鯨船に救助された。彼らはロシア人の保護の下でノウォアルハンゲリスクへ送られた八人の漂流民達であった。その後、アラスカのシトカに送られたが、一八四三年の六月に「露米会社」の船でアラスカから択捉島へ送還されたのである。

露米会社は皇帝の許可を得てガバリーロフ大尉の指揮する社船プロムイセル号をもって、彼らを祖国へ送還することにした。日本人等は航海に必要な品を給せられ、平和な手段で引き渡すことのできない場合を考慮し、彼らを乗せて運ぶための二隻の小舟も用意された。ガバリーロフは、彼らを択捉島か松島の何処かへ上陸させると共に、前回のように大砲の砲撃を浴びないように注意すべきことを命じられた。

今回の試みは前回よりははるかに成功であった。ロシア船の停泊した近くの村の住民は逃げ隠れしてしまい、送還の日本人漂流民は再び船に戻ってきたけれども、岸から砲撃されることはなかった。漂流民達はガバリーロフに、そこへ通りかかった日本船に引き渡してくれることを懇願した。しかし、その船はロシア船を見て立ち去ろうとし始めたので、追跡に手間がかかり、そうしているうちに船は択捉島に到着したという。その場には日本の役人がいて日本人を歓び迎えた。日本の役人はロシア人の来航の目的を聞くと、すぐに親しい態度を示し、船のためにできるだけ助力をしたいと申し出たという。

ガバリーロフは、その日本の役人に対して、ロシア人は今も昔も変わることなく、ただ日本漂流民を送還し、それによって彼らの日本人に対する和親の情を示したいということを説明した。ガバリーロフはまた、もし誰か日本人で将来ロシアの植民地に来たいものがあれば、隣友として尊敬されている国の民として歓迎されるであろうということを説いた。

それに対し、日本側の役人は、もしロシアの船が必要ならば国後島、択捉島、及び日本へ寄港してもよいこと、しかも常に歓迎され必要品を供給されるであろうと伝えた。

互いに進物の交換をした後、日本の役人はガバリーロフに一通の「書面」を与えた。それは、「クライトマイ、クワイス・アサンゴリ村の長官第一助役は、一八四三年六月八日、会社の船、プロムイセル号にて送還されたる八名の日本人をロシアより受領せり、これは特にロシア国の日本に対する友愛を示さんがためになされるものなり」というものであった。（平岡雅英『日露交渉秘話』）

送還された日本漂流民は、ロシア船員に対して懇ろに別離の挨拶をのべ、厚くその親切に感謝した。ロシア側からは、日本人等の本意ならぬ植民地滞留中に彼らのために出来る限りのことをしたのであった。特に「ロシア船は歓迎されるであろう。」という日本側役人の言葉は、完全な鎖国の時代は過ぎ去ったものであるということを推察せしめるものであった。

露米会社再度の対日交渉の失敗

この結論に基づいて「露米会社」は日本に対する従来の方針を続けることを堅く決心し、ガバリーロフの指揮による新しい遠征隊と他の商船を派遣するために政府の許可を出願した。皇帝はこの請願に対して、一八四四年二月五日付で仮の許可を与えたが、一八一五年に発布された露米会社船の日本海岸渡航を禁ずる命令はそのままに置かれたという。露米会社はまず日本に対する政策を実際において試みてみなければならなかった。もし、このことが露米会社の手で行なわれさえすればロシア政府は日本との交渉を許可してもよいという戦略があった。

露米会社は択捉の日本人長官にあてた書簡を認め、先年の好誼に感謝するとともに会社船は日本本土、国後島、択捉島のどの港に停泊すべきかを尋ね、もしも長官自身がこの件について回答ができぬ場合には、確答の出来る人物を知らしてもらいたいと希望した。この遠征は一八四五年（弘化二年）に行なわれ、日本の役人に対する贈り物や、リコルド提督の日本の知人に宛てた肖像入りの書簡を携えて行った。ガバリーロフが択捉島に到着した時には、彼の知人である択捉の日本人長官はすでに死去しており、知合いの日本人の役人は一人もいなかった。

このため「交渉」は手間取るばかりで要領を得なかった。その上、ガバリーロフは通詞を伴っていなかった。前回には日本人漂流民が少しロシア語に通じていたのでコミュニケーション（意志伝達）は可能であったが、今回は全く相互の意志を通ずることさえできなかった。通詞の役を引き受けた二人のクリール人は、実際には日本語の知識はなかったため、日本人は船の清水と食料だけは快く供給することになったが贈り物や金銭を受け取ることは承諾しなかった。その後、改めて日本を訪問する機会は、五年後にようやく実現することになる。一八五〇年に七人の漂流日本人がカムチャッカへ送られるのである。

上記の日本人漂流民達とは、紀州の泉屋庄右衛門所有の天寿丸の乗務員である。彼ら一行の一三名は最初アメリカの捕鯨船に救助された者達である。一三人のうち太郎兵衛たち六人は途中で出会った露米会社船でペトロパヴロフスクに送られた後、一人病死したが、後にアメリカ船で仲間の二人が送られてきたため当時七名であった。彼らは一八五一年一〇月にアラスカのシトカに送られて帰国まで滞在した。なお、露米会社は、ロシア政府の許可を得て、会社船の日本派遣をしばらく延期し、航海学校のロシアの生徒とこれら漂流民を起居を共にさせて互いに日本語とロシア語を学ばさせた。この共同学習によって一六五〇語からなる「露日辞典」が作成された。

皇帝は政府の費用を以って、露米会社の助力のもとに彼らを本国へ送還することを命じた。

リンデンベルグの下田交渉

一八五二年（嘉永五年）に露米会社は漂流民を日本の下田港へ送ることを決定し、そのためにリンデンベルグを会社船メンシコフ号の指揮官として派遣することにした。露米会社は下田の長官宛ての書簡を作成した。それは、日本とオランダとの間に現存する関係について述べたものであり、「隣国たるロシアにも同様の関係を開かれんこと」を求めたものであった。日本の高官むけの贈り物と日本政府がロシアとの「交易」を承諾した場合の用意としてロシアの物産の見本を携えていた。

同年の七月二八日に、リンデンベルグ率いるメンシコフ号は七名の日本人漂流民を乗せ目的地の下田に到着した。しかし、日本の近海では数隻の小舟がメンシコフ号に接近し、あまり深くはいらないように勧めた。ロシア船が錨を下ろすや否や、四方から数百の人が押し寄せてきて、デッキやキャビンは人で埋めつくされた。リンデンベルグは船内の秩序を保つためと貿易に必要な場所を用意するために、客人達に船から退去することを求めた。しかし、日本人達は、外国船の構造を詳しく視察したい事と、日本の高官が到着すれば彼らは絶対に日本側の船に近づくことはできない事を伝えた。その後、日本の高官が到着した。その高官は送られてきた日本人漂流民を査問し、好奇心をもってロシア船を視察した。

日本の高官は船長室に案内され、そこで日本来航の目的が伝えられた。高官はロシア人の来航の意義とロシア政府の日本人に対する親切さについてよく理解した旨を述べた。しかし、高官個人としては、今回送還されてきた日本人と受取ることも、上陸する許可を与えることもできないと答えた。高官は中国語で書かれた「書簡」を江戸に送る前にその写しがほしいと懇願した。

リンデンベルグは、その高官に書簡の写しを与えることに同意した。高官は立ち去る時に、小舟をもってロシア船の周囲を警固せねばならないことを告げ、何人をも上陸させないように希望した。それからロシア船の船長か誰かで町を訪問したいものがあれば護衛を附して上陸を許可することも伝えた。

翌日、日本人の高官は再度、ロシア船を訪問し船内の各所、特に船の武装について注意深く観察した。しかも高官に随行した絵師は船の形を写生し、船内の各部所や物品を写しとった。高官の態度は前日と同様、非常に親切であったが、今度はリンデンベルグの上陸を拒否した。日本側の警戒は日毎に厳しくなり、ロシア船を取り巻く警固船の数が増した。また役人のロシア船への訪問の数も減った。そのうちに日本側の軍隊が下田港に到着し、森の背後には材木で隠された砲台も観察できた。八月二日に小田原町の副高官がロシア船を訪問し送還の日本人漂流民達に向かって尋問し始めたが、最後に彼らの上陸は許可されないことを伝えた。これには日本人の漂流民達も当惑した。リンデンベルグは副高官から、長崎に行けばおそらく漂流民は受け取られるであろうと伝えた。彼は副高官に自分の日本来航の目的は、日本人漂流民の引渡しにあることを説明したが、副高官は下田で直ちに引渡されることを非常に恐れていた。

リンデンベルグは日本の「掟」を破りたくはないが、下田港を出航する途中で日本人を上陸させなければならないと答えた。しかし、副高官はロシア船に向かって、なるべく早く下田から出帆することを切望した。これが「交渉」の終末であった。リンデンベルグはこれ以上、日本側と「闘争的交渉」を続けることは将来の日露関係のために非生産的であるとの判断を下し、八月二日に下田港から出航した。

リンデンベルグは下田港から七〇キロ離れた加茂郡中木湊沖で、二艘の小舟を与えて漂流民を岸に向かわせ、彼らが無事上陸したのを見届けた後に帰途に着いた。漂流民を機縁とする「日露交渉」は上記の紀州の漂流民をもって終わりを告げ、新たに英米の「対日交渉戦略」が開始されるのである。

以上概観してきたように、英米勢力の圧迫を受けて南太平洋貿易の拡大を阻止されたロシアは、三度にもわたる失敗にもかかわらず、再度「対日通商交渉」計画を戦略的に樹立するのである。ロシア船はその目的のために一八三五年から一八五二年までの間に四回にわたって日本に来航している。天保から嘉永にいたる前後三回にわたる日本人漂流民の送還は、露米会社が自己の苦況を打開するために企てた「対日交渉戦略」の一形態であった。やがてその戦略は、一八五三年に米国のペリーが率いた「黒船」と対抗する「北の黒船」の指揮官であるプチャーチンの日露交渉へと受け継がれることになるのである。ちなみに、ロシア船は、しばしば対馬領域に接近していた。これも領土拡大の国家戦略によるものと見なすことができる。

「北の黒船」プチャーチン海軍少将の派遣

一八四二年、ロシアはアヘン戦争の敗戦によって中国の諸港が開港したことで、自分達もイギリスと同様の歓迎を受けると捉えた。しかし、アヘン戦争は、(1)ロシアのキャフタ経由による「露清貿易」に打撃を与えることになるとともに、(2)さらに、イギリスの勢力が日本近海のみならず太平洋地域にあるロシア領へ拡大し、ロシアの極東の安全を脅かすものという情況を作ることとなった。

このためニコライ一世は一八四三年に極東情勢に詳しいプチャーチン海軍少将（後に提督）を日本と清国に派遣させ、その後アムール河口を調査させようとしたが、政府高官らが反対し、この計画は実現しなかった。

次に一八四四年三月クルーゼンシュテルン提督が、ニコライ一世に対日関係の樹立案を提出し「日本は中国の事例にかんがみてロシアの申し出に応じるであろう」と述べ、日本に毛皮、鯨油、魚類を輸出し、一方日本からは米、塩、日用品を輸入すべきことを説いた。しかし、この案も実現されなかった。また、一八五〇年には、ディアナ号の副艦長のP・リコルドがニコライ一世に日本への使節団の派遣案を提出して、ゴローニンの勧めで自分が使節の役目を果たす旨を申し出た。彼も日本との交易が極東、アラスカにおけるロシア領の食糧問題の解決に大きな役割を果たす旨を説いた。しかしながら、この案も政府高官から時期尚早論が唱えられた。しかしこの時期には、アメリカの捕鯨船がオホーツクのロシア領沿岸にまで出没し、イギリスの北太平洋地域における動きも活発となっていた。イギリスの北太平洋進出行動は、ロシアが極東、太平洋でこれまでのように露米会社の旗の下で行動する時代はもはや過ぎつつあることを告げるシンボリックなメッセージとして受けとめられた。

その後、一八五二年にアメリカが強力な艦隊を派遣し、日本を開港させようとしている情報が流れた。このニュースはロシア政府に衝撃を与えた。このためロシアは、ペリー提督の率いる「米国東インド艦隊」に先駆けて、一時中断されていた条約交渉のためプチャーチン提督を国家の威信にかけ日本へ派遣させることを決定する。極端な見方をすれば、これは「米ソ冷戦時代」の幕開けとも言えるかもしれない。

もしも、一八四三年にロシアの政府高官達がニコライ一世の指示に従い、北方領土と通商問題を解決するためにプチャーチンの遠征隊を予定通り清国と日本へ派遣していたならば、ロシアの方がアメリカよりも十年も早く「日本開国」の機先を制していたに違いない。

幕末の日本人が観たアメリカの露米会社

最後になるが幕末の日本にも露米会社を観た人物が存在していた。尾張漂流民の重吉である。

一八一三年（文化一三年）一二月五日、江戸霊岸島の蝦夷会所に入った薩摩・尾張漂流民は、勘定奉行兼松前奉行であった服部伊賀守貞勝の取り調べを受け、翌年の一四年になってそれぞれ帰藩を許された。薩摩漂流民は二月二四

北米フォートロスにあった露米会社

日、勘定奉行よりその申し渡しを受け江戸田町の薩摩藩別邸に引き取られ、尾張漂流民は四月四日にその申し渡しを受けた。その中に日本人としてアメリカの露米会社を観察した船頭重吉の姿があった。重吉は市ケ谷の尾張藩屋敷へ、水主音吉は領主の旗本河原林三郎の屋敷に引き取られた。尾張漂流民は、イギリス人の扶助を受けていたことが問題となり、帰藩許可が薩摩漂流民より遅れたのである。

尾張漂流民の重吉は「魯西亜衣類器物披露来由書」という刷物を作り、死没乗組員の供養記念碑の設立資金を集めた。この来由書と同じ性質の刷物に「ヲロシアノ言」というものがあった。これは、日本で初めて刊行された日露対訳単語集として有名である。督次丸漂流民は、記録書によれば一年五ヵ月という最も長い漂流を経験したことになる。ちなみに、その漂流次第をまとめた池田寛親の「船長日記」は、文学的にもすぐれた作品とされ、また「ヲロシアノ言」を刊行したことで有名になった。

督乗丸船頭重吉は「船長日記」の中で、ロシアを現代で言えば「超大国」として描いているというのが木崎良平の見解である。たとえば、重吉はメキシコ沖でイギリス船に救助され、最初に寄港したカリフォルニアのサンタバーバラについて、「ここはオロシアの従国、北アメリカ南アメリカの界にてノーハイスパニアという所なり」と述べている。

これは、ロシアのアメリカ植民地がカリフォルアのロスアンゼルス近くまで及んでいるという報告とも解釈される。重吉がついで寄港したアラスカのシトカから五十日ほど南航しなければならないルキンという町についても「ここはオロシアに従える国なり」と報告している。

それ以外の重吉が残した観察記録には、当時繁栄していた露米会社の姿、それに支配人バラーノフの時代の積極的は植民地経営が描かれている。

当時、露米会社の支配下にあったアラスカの人口は、一八一九年一月ではロシア人が三九一人、原住民とロシア人の混血が二四四人、原住民八、三八四人の計九千人であった。しかしながら、穀物類や日用品は全く生産されなかった。食糧不足は露米会社の全期間を通じて最大の困難であって、会社は一八一二年に植民地の最南端の「フォート・ロス」に入植地を開いて食糧の自給を図った。問題は、土地に塩分が多く、それに加えロシア人も原住民も農業よりも収入の多い狩猟を好んだため、この計画は成功しなかった。

露米会社はこの困難を脱するために、アメリカ船の船長と、毛皮と交換に食糧入手の契約を結んだりした。一八一五年にはハワイとの通商、その一部の占領さえ企て太平洋地域におけるパワー・ポリティクス（政治勢力）の拡大を行なった。しかし、一八一八年以後露米会社の活動は急速に消極化し衰退した。それには次の二つの要因があった。一つめは、一八一八年にバラーノフが死去したことである。二つめには、当時太平洋方面に盛んに進出しつつあったアメリカ、イギリスからの圧迫が露米会社の衰退に影響したことである。

アレクサンドル一世はバラーノフの死後、英米資本との競争と圧迫に対し一八二一年九月二一日に、ロシアの権益擁護のため従来の提携妥協路線を改め、植民地海域における外国船の来航や企業の進出を禁止することを決定した。

これが、いわゆるロシアの「植民地鎖国令」と呼ばれるものである。

しかしながら、この「植民地鎖国令」はかえってイギリスやアメリカの反発を生み、露米会社の経営の悪化をもたらす結果となった。これに対して、アメリカは一八二三年に「モンロー・ドクトリン」を発し、露米会社のアメリカ大陸における活動に釘をさした。その後一八二四年と翌年の二五年の「対米英協約」によって、ロシアの北米植民地は削減された。それに加えて、ロシア植民地におけるアメリカ資本の通商活動も容認されず、露米会社の存続は不可能となったのである。クリミア戦争に大敗を喫したロシアが一八六七年にアラスカをアメリカに売却することになる素因は、この時にすでに作られていた。

第六章

ペリー初来航は沖縄

――大琉球との交渉――

第六章　ペリー初来航は沖縄―大琉球との交渉―

嘉永六年（一八五三年）七月八日は、ペリー提督率いる黒船が浦賀に初来航し、日本を震撼させた日として知られている。しかし、同様のことが琉球にも言えることは意外に知られていない。同年の五月一七日、ペリー提督はサスケハナ号を伴って上海を後にし、「大琉球」（Great Lew Chow）へと向かった。最初の目的地は浦賀ではなく那覇であった。ペリーは一八五三年五月二六日に汽走軍艦三隻を率いて、突然那覇港に現れた。そして、翌年の七月までに合計五回にわたって那覇を訪問したのである。

従来の歴史書では、「琉球交渉」の条約締結までの外交コミュニケーションのプロセスにおいて、黒船の幾度にもわたる来航は琉球にとっても「非常の事態」であり、黒船は軍事力を使用し、日本側に大砲を向ける存在として受けとられていたと解説されている。

また、ペリー提督の琉球交渉における行動原理に関しても、その態度は常に粗野で、しかも弱い者いじめをする帝国主義者であり、戦争を伴う「文伐型」砲丸外交で迫り、独自の力で無理矢理に「琉米条約」を締結させ、最終的には琉球の植民地化をもくろんでいたと解説されている。しかし、実際はその通りであったのであろうか。そこには、琉球条約の「謎」ともいえるものが存在していなかったのであろうか。以下では、（一）ペリーの五回にわたる大琉球来航と琉球条約の目的達成を可能にせしめた要因、（二）琉球交渉をめぐるペリーと本国政府との外交方針の相違などもふまえながら、（三）琉・米双方の交渉と協議の相違点に関しても考察を行いたい。以下はペリー提督が当初想定していた琉球政府との対抗型交渉が競争型交渉に変容した例である。

琉球来航の謎

一八五四年の夏、琉球条約が締結された。その条約締結にいたるまでの琉球上陸、外交交渉においてペリーに幸いした要因は何であったのであろうか。第一の要因として挙げられるのが、英国人宣教師であったベッテルハイムの存在である。ベッテルハイムは、ペリー側の「影の異文化情報提供者」として、水面下で板良敷朝忠と同様の活躍をした人物である。照屋善彦は、「ペリー提督の日本遠征の際にも、ベッテルハイムは琉球の対外関係に関して重要な情報を提供した。すなわち、琉球は日本の属国であり、武器を持った薩摩の守護隊がいることをペリーに知らせている」と指摘する。ベッテルハイムは、ペリーの『遠征日記』にも記述されている、琉球にいる薩摩人と中国人についての情報などもペリーに与えた。ベッテルハイムは特に、那覇港に出入りする船を身近に観察できる波之上に住居をかまえていた。このため、琉球の役人が教えなくても、琉球の対外関係に関してはかなり適確な判断を下すことができたのである。第二の要因は、ペリーの中国語通訳として随行したS・W・ウイリアムスの存在である。ウイリアムスの役職は中国語通訳であったが、彼は実際にはペリーの外交・政治顧問の役割を果たしていた。しかも、ウイリアムスに遠征隊への同行を依頼したのはペリーであった。ペリーが彼の見解を尊重しつつ、具体的な政策決定を行ったことも、確実な成果を生み出す重要な鍵となったのである。

武力的強圧による植民地化か否か

ペリーは、武力的強圧によって脅威に震える琉球王府に開国を迫り、那覇を占領するつもりであったと多くの歴史書には記述されている。例えば、加藤文三は「黒いけむりをはき、黒くぬられたアメリカ軍艦（黒船）の出現は、人々を驚かせた。ペリーはこれに先だって琉球（沖縄）に上陸し、幕府がすぐ開国に応じないときは、基地として琉球を占領しようとしていた」と指摘している。

また、日米和親条約に関しても、洞富雄は「アメリカの積極的極東政策の先頭にあった東インド艦隊司令官ペリー提督（M.C. Perry）の武力的強圧によって日本とアメリカとの間に和親条約（神奈川条約）が締結された」と述べている。

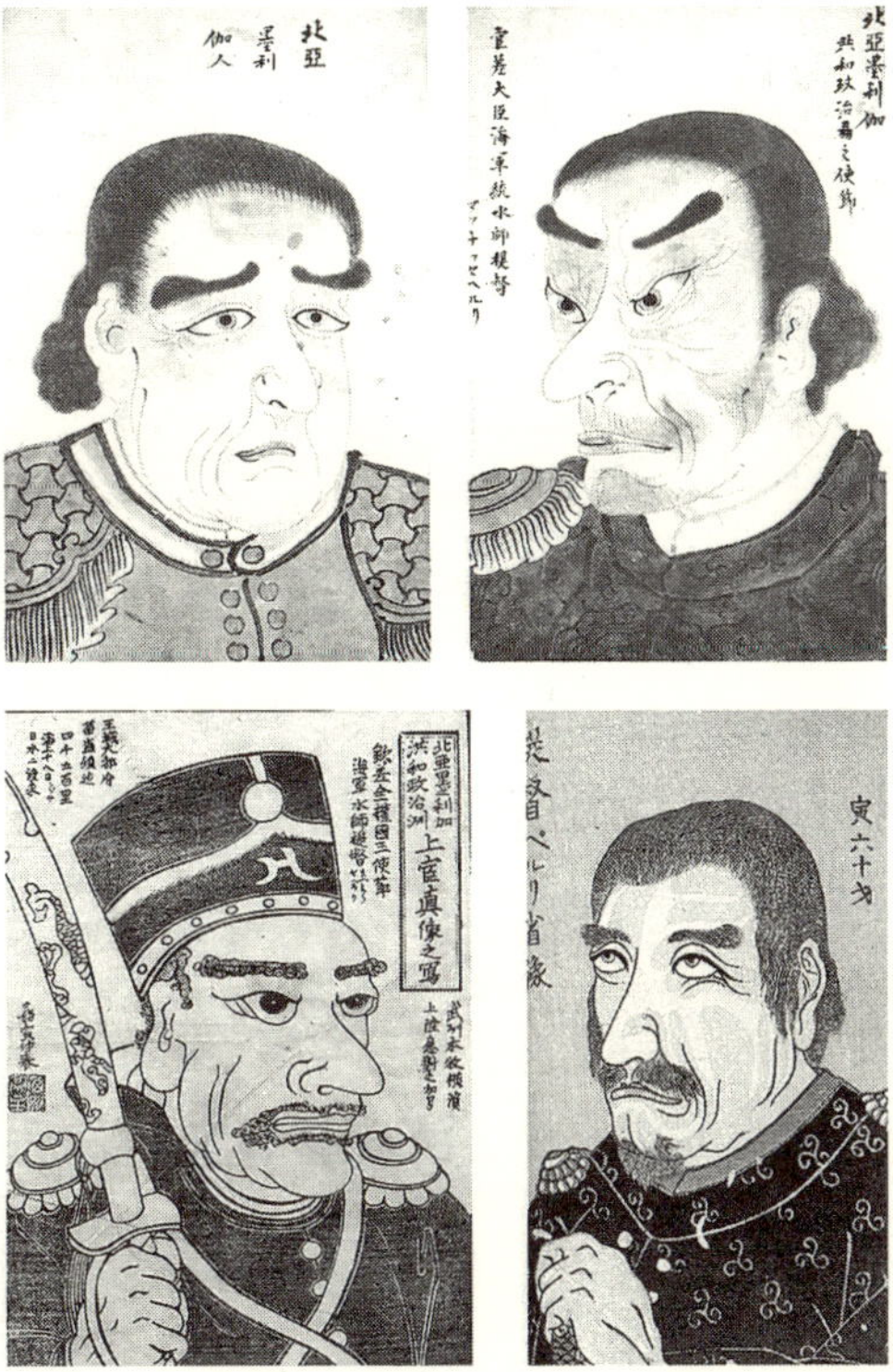

ペリー（了仙寺蔵）

しかしながら、筆者は、ペリーは砲丸外交をちらつかせはしたものの、「文伐型戦略」（相手を自滅させる策）ではなく、交渉を通じての「統合型啓発戦略」（両者が歩みより、戦かわずして政策目的を達成させる策）によって、琉球政府（加えて江戸幕府）に開国を迫ったと解釈する。なぜならば、ペリーは琉球側に「領有要求」は一切行っていないからである（詳しくは、ペリーの『遠征日誌』を参照されたし）。

伊部英男も「当時のイギリス艦隊よりも優秀な新鋭戦艦によって、ペルリは、〈中略〉江戸湾に直接進入し、江戸および江戸城に直接脅威を与え、国交を開かせようとした」のであって、「ペルリ艦隊そのものによって日本の侵略や占領（もっとも一部には占領案が存在したが）は、あったわけではない」と述べている。

琉球政府や幕府にとっての脅威はペリーの行動や交渉態度ではなく、むしろ風に逆らって走る蒸気機関の艦隊や黒船に備え付けられていた破壊力のある「大型大砲」であった。言い換えれば、欧米の産業革命が、琉球や江戸の人々の眼前に突きつけられた、最初の「異文化ショック」であったのである。

ペリーの対琉球外交方針

ペリー艦隊の日本・琉球派遣の目的は以下のように要約できる。まず、第一に中国市場への進出と対日貿易促進であり、第二に太平洋横断航路の開設計画と石炭補給地としての日本の開国、第三にアメリカの捕鯨業と船員・漂流民の保護、最後の第四として、外交的保護権（外交法権〝diplomatic protection〟）の獲得である。

アメリカ政府の対日方針に関して、ペリーは一八五二年一一月五日にベレット国務長官から次のような訓示を受けている。その内容は、（一）近時汽力による太平洋横断航路が開かれること、（二）合衆国が太平洋沿岸に広大な植民地を獲得したこと、（三）それらの植民地に金鉱が発見されたこと、（四）パナマ地狭の交通が頻繁になったこと、（五）そのためにアメリカ合衆国と東洋諸国との関係が著しく密接になったので、東洋近海を航行する合衆国市民の生命財産の保護が一刻もゆるがせにできない、という諸々の情勢下、合衆国政府の日本への要求として、(a)日本諸島沿岸で座礁破壊、若しくは台風によって避泊するの止むなきに至った合衆国の船舶乗員の生命財産の保護に関し、日本政府と永久的な協商を設立せしめること、(b)合衆国船舶が薪・水・食料を補給し、また海難の際には、その航海を継続するのに必要な修理を加えるために、日本国内の一港、若しくは数港に入る承諾を得ること、(c)日本国沿岸の一港、若しくは少なくとも近海に散在する無人島の一つに石炭貯蔵庫を設置する権利を得ること、(d)合衆国の船舶がその積荷を売却し、若しくは他の貨物と交換の目的で、日本国の一港、若しくは数港に入る承諾を得ること等の事柄を挙げたものである。

しかも、同訓示にはこれら以外に次の重要項目が付け加えられていた。すなわち、(ア)日本国民にはキリスト教への嫌悪が根底にあるようだが、決してキリスト教の伝導のなきことを保障し、且つ最近、英国の中国侵略は日本人の対英国恐怖心を増やしているのに鑑み、米国合衆国市民は、英語を使用するのは英国人のみではないことを説明すべし、(イ)あらゆる言論と勧誘の手段を尽くしても、日本政府が鎖国政策の緩和及び遭難海員に対する人道的待遇の保障を与えない時には、その態度を一変し、明白なる言辞を用いて、合衆国政府は、今後日本沿岸で遭難、若しくは暴風により港湾に避泊すべき合衆国船舶に対し、人道的扱いをなすべきことを要求する、(ウ)今後、残酷な行為が合衆国市民に加えられるようなことがあった場合、またその行為が日本政府の命令によるものである場合には、国民の私的行為であることを問わず、厳酷に膺懲《ようちょう》すべきことを通告すること、(エ)且つ、米国大統領は、宣戦の権限を持たないので、艦隊長官はその使命が必ず平和的性格を帯びていることに注意し、艦隊及び乗組員保護のために自衛の必要のある場合以外、決して兵力に訴えることがあってはならないこと、という部分である。

では、ペリー提督の琉球来航で最も重要と考えられた初期の交渉戦略とは、どのようなものであったのであろうか。

ペリーの交渉戦略

交渉戦略においてペリーが重要視したのは、相手側の出方によっては「砲丸外交」をちらつかせはするが、先制攻撃にターゲットを絞った「文伐交戦」ではなく、まず「予備交渉」の道を開くことにあった。第二に、琉球政府側の「ペリーと対等の地位の高官」を「本交渉」のテーブルにつかせること、第三として、交渉の進展にのっとって条約文を提示し、その後、「条約を締結すること」であった。

ペリーは幕府との交渉が不成功に終わった場合、琉球政府と条約を結び、小笠原諸島の父島に「石炭貯蔵庫」を設け、対日交渉の目的に代えるという「オプション」を持っていた。ペリーは、那覇初来航（一八五三年五月）の一週間以内に、琉球については交渉成立が可能であるとの自信を強めており、那覇を占領ではなく、「艦隊の集合基地」(Places of rendezvous) にするという次の文書記録を残している。

「この美しい島は、日本の属国であり日本と同じ法律によって統括されている。住民は、勤勉でかつ温和である。すでに私は、彼等の恐怖心を静め友好を得ることにかなり成功している。那覇を艦隊の集合基地にするつもりであるが、やがて、この島の住民が、米国と完全に友好関係になれると期待できる」。なお、海軍長官宛の英文では、"I propose to make a port of rendezvous for the Squadron (To the Secretary of the Navy:dated June 2, 1853)" と示されている。

これらの目的達成のために、ペリーは、一方で自らの要求を「軍事力の威圧」によってちらつかせながら、言葉で脅すという戦法を取りつつ、他方で「お土産」を持参し、琉球側を艦隊上の宴会に招待するという「朝貢外交」的アプローチを展開した。ただし、条約締結までの交渉戦略として、ペリーは次のボトム・ラインを崩さなかった。なお、交渉学でBottom Lineとは、「これだけは譲れないという最低条件のこと」である。

（一）「交渉は、自分と同等、もしくは対等の地位（status）にある人物と行う。」

（二）「交渉にあたっては、艦隊への訪周の制限をもうける。」

そして、ペリーは「交渉方針」として、「毅然たる態度」（To assume a resolute attitude）を取り続けた。これには、次のような理由があった。ペリーは、以前に日本寄航を試みようとしたモリソン号が日本側から発砲された「モリソン号事件」、同様にコロンバス号が江戸湾を来航した際に、日本側の代表を来艦させ歓迎したにもかかわらず、日本上陸を拒まれたという「コロンバス号事件」等の歴史的事件をかなり重要視しており、同じ経験を繰りかえさないという心構えで日本訪問に備えたのである。これらの事件を教訓として、ペリーは日本の「排他主義」に対しては、「排他主義」をもって交渉の際に対応するという行動原理に切り替えた。しかし、ペリーの「毅然たる態度」は、一般には「武力外交」「文伐交戦型外交」として受け止められている。

「ペリーの専決権」対「本国政府の政策」

ペリーは、米国東海岸のノーフォークからの出発に先がけ、海軍長官から日本国内、若しくは日本列島付近に散在する無人島に石炭の貯蔵庫を設置するよう訓示を受けていた。これに関してペリーは、一八五二年の一二月一四日に、マデイラ諸島から海軍長官に次のような上申書を送った。

「世界の形勢がどう推移するかに全く無関心な日本政府をして、国務長官の訓示の命ずるような条件を履行せしめ得るかは疑わざるを得ないが、遠征の目的を達成し得ることについては、本職の胸中に十分な成算がある」と。また、琉球を含む日本政府との交渉にあたって、ペリーは「比較的容易な準備手段として、若干の避泊港を日本国沿岸に指定するようなことは、最も時宜に適した手段ということができる」。さらに「日本政府がもし、日本国土の港湾開放を頑強に拒絶し、そのために流血の惨事を見る危険性がある時には、別に日本南部地方において、良港があって薪水補給に便利な諸島に艦隊錨地を指定しようと思う。このため、琉球諸島が最も便利である」と述べている。加えて、「同諸島は、日本国諸侯中、最も有力な薩摩侯の領土であるが、清国政府は同島の主権に関し異議を唱えている。残酷な薩摩侯は強大な権力をもってこれを圧服し、同島住民は常に虐政の下に呻吟しているのが実状である」。また、琉球住民の人権問題についても、ペリーは「もし、同諸島を占領し、住民を虐政から解放するならば、それは道徳上から見ても正当なことである。本職に同島を占領せしめるなら、住民の生活は改善され、住民は挙《こぞ》って合衆国市民を歓迎するに違いない。不幸にして、文明や文明に伴う悪習を伝搬せしめることがあっても、それは誠にやむを得ないことである。本職の予想は、あるいは楽観に過ぎると非難するものがあるかもしれないが、本職は事実上、遠征の目的を容易に達成し得ることを信じて疑わないものである」。最後に、ペリーは「成否はむしろ、合衆国政府の決心如何によって決するであろう。海上における合衆国の大競争相手たる英国の、東アジアにおける領土が日々増大するのをみて、合衆国も迅速な手段をとる必要があることを、痛切に感ずるものである」と述べ、上申書を結んでいる。

当時、英国はすでにシンガポール・香港を手中に収めており、出入りする船舶はその数三〇万トンに達し、千五百万ポンドを下らない中国貿易を独占していたのである。このため、ペリーは上申書に「幸いにして日本諸島は未だ「併合」政府の手を染めるところではなく、その若干の部分は合衆国のためにも最も重要な商業通路に当たっていることから、なるべく多数の良港を獲得する機会を失わないよう、敏活な手段をとるべきである。本職が有力な艦隊を引率するのも全くそのためである」と付け加えたのである。

米国海軍は、ペリーからこの外交文書を受け取るや否や、これを国務省に移牒《いちょう》した。その後、国務長官のエドワード・エレベットが、これに関してケネディ海軍長官と協議した結果、次の内容の一八五三年二月付外交メッセージが、ペリーに送られた。

上記のペリーの上申書をフィルモア大統領に進達したところ、大統領からの回答は「大統領もまた遠征隊の安全を期するために、比較的好都合な一、二港を獲得する必要があり、琉球諸島がこの目的に最も適合することを認めた。但し、同島住民は古来より温和従順であると聞いているので、彼等には掠奪や暴行を加え敵意を抱しめるようなことがあってはならない。また、彼等から攻撃された場合を除いて、決して兵力を用いてはならない」というものであった。

この文面からは、日本政府が米国政府の要求を受け入れない場合には、その報復としてペリーが琉球の一部を占領する計画もありうることが読み取れる。フィルモア大統領も、国務長官のエベレットに裁可を与えたことになるのである。しかし、このフィルモア大統領の回訓がペリーに届く前の三月四日、本国のアメリカ内政に大きな変化が起こった。ペリーがアメリカを出発した一一月に行われた大統領選挙の結果、政府党のフィルモア大統領に代わって、民主党のフランクリン・ピアスが第一四代大統領に選出されたのである。そして、海軍長官にはジェームス・ドビンが選ばれ、アメリカ政府の外交政策にも当然のことながら変化が見られた。この政権交代は、ペリーの大琉球における任務執行の上に重大な影響を与えることとなった。

ペリーは八月七日に艦隊が香港に到着した際に、新任のドビン海軍長官の命令を受領し、本国における政権交代のニュースを初めて知った。また、ペリーは、ピアス新大統領の対琉球・対日本に関する外交政策が自分の政策や戦略を支持するものではないことも、敏感に察知したのである。

ドビン長官は、一八五三年一一月一四日に急遽ペリー宛に外交命令のメッセージを発し、ペリーの考えに基づく侵略的政策を中止すべきとの以下の通達を行った。

「貴君の任務は平和的交渉であり、日本国民の特別なる性格に鑑み、合衆国の強大なる兵力を日本国民の脳裏深き印象として留めしめることはもとより緊要であるが、自衛の場合以外決して兵力を使用すべきではないことは、今改めて本官の説明を俟たないところである。合衆国海軍をして、通商貿易を助成すべき有効な政府の補助機関たらしめることは緊要であるが、宣戦の大権は、合衆国議会独りこれを保有するものであるから、貴君はその任務を遂行するに当り、特に慎重なる態度に出なければならない。」

英文では以下のように示されている。

The Commodore's mission should be one of peaceful diplomatic negotiations, and the Congress alone has the power to declare war. Too much prudence cannot be exercised even in the great work in which you are engaged.

新任のドビン海軍長官は、ペリーの構想の一つであった対琉球占領計画を快く思っていなかった。しかし、ペリーは一二月二四日にドビン海軍長官に対し、太平洋におけるアメリカ合衆国通商に関する意見書を送った。その中でペリーは「本職は、現在琉球官憲および人民に対して有しつつある勢力を永遠に維持しようと考える」と述べた。さらに、翌年の一八五四年一月二五日には、江戸に向けての出発に先立ち、日本遠征計画について同海軍長官に対し、「日本政府にして、米国合衆国政府の要求に応じないか、または合衆国商船および捕鯨船に避泊港を指定することを拒絶するならば、本職は合衆国市民の蒙った侮辱および損害に対する賠償として、日本帝国の附庸たる琉球島を合衆国の監視下に置く。そして、米国政府が本職の行動を承認すべきか否かを決定するまで、上述の制限内において租借する決心をしている」と、本国のピアス新政権の対日外交方針とは真っ向から対立する上申書を送った。

新里金副は、「このペリーの上申書に対して、ドビン新海軍長官は五月三〇日付で、琉球（及び小笠原）諸島の占領計画中止を命じ、またその中で、議会の承認も得ずに遠隔の地にある他国の島嶼を占領する権限は、大統領にはないことを強調した」と述べている。

しかし、この本国政府の命令がペリーの手元に届いたのは、実際にはその必要性がなくなった後であった。幕府側は、さしたる抵抗もせず「日米和親条約」に調印し、琉球側も「琉米条約」を受け入れ、条約書に調印したのである。

「交渉」対「協議」

ペリーが一八五三年五月から七月までに琉球政府と行った交渉過程に関しては、ここでは詳しく取り扱わない。以下では、日米間の「交渉」と「協議」という言葉の持つ二つのニュアンスの相違と「交渉行動」に対する日米両文化のパーセプション、ならびに交渉観の相違について若干触れてみたい。ペリー側と琉球政府側をはじめ、他の文化圏の人々が実際に交渉を行う際、お互いの行動にどのような特徴があり、どのような行動パターンの違いが誤解や摩擦を生む要因になるのかにも触れてみたい。

まず、「交渉」という言葉の意味には、「往々にして、相手側に対して自分の主張は譲れない」という原則がある。筆者は、交渉とは「利害関係である利益や損失の存在する二つ（もしくはそれ以上）のグループが平和的に駆け引き（トレード・オフ）を行いながら、勝ち負けではなく、利益を最大限に、損出を最小限にする合意のコミュニケーション・プロセス」と定義したい。

ペリーはあくまで、「交渉」を通じて琉球側との通商を迫った。これに対し、琉球側（幕府側も同様であるが）は、アメリカ側との話し合いに基づく「協議」を通して交渉に臨んだ。交渉の合意策に対する両者のパーセプションの相違の一部を分析すれば、以下のようになる。

アメリカ側は「行動指針」のシナリオに基づき、代表者であるペリー提督の権限で意思決定の合意策を探ろうとした。これに対し、琉球側は、話し合い＝「協議」によるコンセンサスに基づき、双方の合意点を探ろうとした。また、交渉プロセスに対するパーセプションに関しては、アメリカ側が拘束力と計画性のガイドラインに力点を置こうとしたのに対し、琉球側はジョン・コンドンの説く「直感感情型」“Affective Communication”による話し合いに力点を置こうとした。図にすれば、以下のように表わすことができる。

表1　交渉行動のモデル化

ジャンル／パターン	ペリーの交渉行動	琉球側の交渉行動
1．問題解決	行動指針のシナリオに基づき代表（ペリー）の権限で意思決定	コンセンサスに基づく合意

2. 目的	明示的（デジタルなガイドラインを設定）。石炭貯蔵庫建設を要求	暗示的（アナログ的）に相手の要求を拒否し、危機を回避
3. パターン	対抗的交渉	対立回避型話し合い。琉球側は架空の政府を設立し「かくれんぼう外交」を展開
4. 譲歩策	実体要求を原則とする	小出しアプローチで説明は首尾一貫せず
5. 時間	迅速（期限、期間を決める）	ゆっくりと時が熟すのを待つ
6. プロセス	拘束力と計画性のガイドラインと「事実帰納型」（Instrumental Communication）に基づき進行	「直感感情型」（Affective Communication）に基づき進行
7. 争点	ダイアレクテイック「論争型原則」（アーギュメントに基づく）が中心	交渉中のムードと回りの雰囲気で迫る「話し合い」に基づき進行
8. 外交手段	「脅し」と「朝貢外交」（相手の出方観察しながら、手段を操縦	「朝貢外交」を使用し「話し合い」を試みる。また（もてなしを行い穏便に退去しもらう

琉米交渉の謎

ペリーは、一八五四年七月八日に首里王府に対し江戸における和親条約を示し、「琉米条約」の締結を申し込んだ。これが「琉米修好条約」（略称「琉米条約」あるいは「琉球条約」）と呼ばれるものである。修好関係にあった琉球側にとっては、条約締結は単にこれを明文化するに過ぎないようなもの（Event）であった。したがって、七月一〇日に協定が成立し、翌日の一一日に条約の調印が終了した。ただし、「琉米条約」には注意すべき点が多く存在する。一つ目は、「琉米条約」という語は、ペリーの『遠征日記』で示されているように、また照屋善彦も指摘しているように、同等ではない二組、または二国間で交わされる「契約」や「約束事」を意味する"Compact"であり、同等の力関係にある国々の間で調印される、いわゆる「条約」"Treaty"ではないという点。二つ目には、「琉米条約」に示されている琉球国中山府の総理大臣と布政大臣は、実際には首里王府には存在しない役職であったという点である。「琉米条約」に調印している総理大臣の尚宏勲は、ペリーの琉球訪問期間を通じて「総理官」の地位に就いており、条約調印の際、彼は自分の地位を「総理官」と署名したが、この名称は、ペリー訪問以前には存在しない役職名であった。また、尚宏勲は一八六一年に「政官」の職に就いており、「総理官」という役職名は琉球の歴史上でも再び見られることはなかった。注意すべき点として最後に挙げられるのは、「琉米条約」に記録されている琉球王国の「印鑑」が本物ではない可能性もあると言われているという点である。ペリーが自ら調印した「琉米条約」は、公式文書としての効力はなかったといえる。

以上、米国政府はペリーの「統合型啓発戦略」に基づく交渉を通して、那覇に石炭貯蔵庫を設置する権利を得た。また、アメリカ人の遭難海員に対する人道待遇の保障や生命財産の保護を得ること、さらに、交易を開く権利も得ることができた。

ペリーの主張した「琉球占領」は、領土獲得を目的としたものではなく、琉球側との交渉を有利に進める上での要求貫徹の一手段であった。しかし、本国政府との外交文書を通してのコミュニケーションはうまく機能しなかった。米国政府が武力使用をあくまで自衛のために限定したため、琉球側（その後の江戸幕府側）においても、ペリーが予測していた武力による抵抗はなかった。ペリーの琉球占領は、全く必要性がなかったのである。これは、琉球側・アメリカ側の双方にとって幸いなことであった。しかしながら、「琉米条約」は、琉球側にとっては急遽特設した役職に就く二人の人物がその場しのぎに調印した「仮小条約」に過ぎず、ペリーはこれを効力のある公式外交の修好条約として受け取り帰国することとなったのである。

「修好」と「占領」との間には、雲泥の差が存在する。その意味で、ペリーの目的は平和的であったとも言える。ただし、ヨーロッパの列強国はいつまでもペリーにだけいい思いをさせてはおかなかった。

図らずも、日本は一八七五～六年に朝鮮に対し軍事的圧力を以って開国を迫り、日朝修好条規の締結により開国させた。この時、日本が取った手法と戦略は、ペリーが徳川幕府に迫ったものと同じであると見られているが、実際はそれとは違っていたのである。

第七章

幕末の食卓外交

――ペリーの異文化戦略コミュニケーション――

第七章　幕末の食卓外交―ペリーの異文化戦略コミュニケーション―

はじめに

以下は、前章で取り扱ったペリー提督の大琉球交渉の続編である。

一九八九年に米国通商代表部（ＵＳＴＲ）のカーラー・ヒルズ女史が来日し「私は、鉄梃（かなてこ）と握手で日本に貿易不均衡の是正を迫る」と記者会見で述べると、日本の報道関係は一斉に「平成の黒船来航」と報じた。また、一九九六年に世界最大の文具・オフィス機器安売りチェーンである米国の「オフィス・デポ」が家電量販売店ダイイチと提携し、日本で店舗展開を始めたときに「米から文具安売りの黒船来たる！」と各紙の経済面で大きく取り上げられたことは、我々の記憶に新しい。

日本人がこの「黒船」という用語を使用するとき、それは、我々が到底敵いそうにないものに対峙するというパーセプションやイメージが内包されているようである。

石川好が述べているように、近代以降の日本列島の住民は、「黒船」という名の不意に襲いかかってくる病気におびえながら――しかし、他方ではそれを待望しながら――生きているのかもしれない。そのような体質が我々に出来上がったのは、文字通り太平の眠りをさました、あのペリー提督が率いた黒船ゆえであった。

従来、黒船来航に関する研究は、ペリーと幕府側との遭遇や条約内容、江戸庶民の黒船に対する反応、それにペリーが日本滞在中に収集し本国へ持ち帰った植物や他の標本に関するものが多く、それらの研究は膨大な数に上る。しかしながら、アルバート・クレイグは、「ペリー側と、琉球側および幕府側の「戦略交渉」過程に関してのミクロ的な研究がされていない事、そして、ペリーと中国文化、琉球それに日本文化を、異文化関係史の視点から扱った研究は皆無に等しいと言える」と指摘する。ペリーを魅了した異文化的なものと言えば、一般には「琉球島の風景の美しさ」以外、取り立てて印象に残るものはなかったと伝えられている。

本章では、琉球側と幕府側がペリー艦隊一行をもてなした饗応、特にこれまでは明らかにされてこなかった幕府側の用意した饗膳内容、加えてペリーが彼らをもてなした食卓外交に関して、異文化戦略コミュニケーションの視点から考察を行いたい。

なお、日付は太陽暦で記述したことを付け加えておく。

食卓外交と異文化戦略コミュニケーション

政界で「食を共にする」ということは、異文化間の戦略的コミュニケーションの視点から見れば、「親交ぶり」や「和解」の非言語的サインとなる。外交の世界でもその重要さは同様である。米国人で最初に箸を使用して本格的・伝統的日本料理を味わったのは、ペリー提督と彼の部下である。

一八五四年の三月八日、ペリー一行は横浜で正式な日本料理による歓迎の饗応を受けた。この饗膳は一般にペリーと彼の部下にとって来日後初の饗応と解釈されがちであるが、しかし実際には一八五三年に、既に琉球の首里城で来日後初の「饗応」を受けていたのである。以下では、琉球においてのペリーと遠征隊の異文化接触の様子を、中国の食文化にも比較させせながら探求したい。

ペリーと琉球の食文化

一八五三年の五月二七日、琉球側は四隻の船で、贈り物の一頭の牛、数頭の豚、一頭の山羊、数羽の鶏、鶏卵、それに野菜を持参し、ペリーの艦隊に近づいた。その際、ペリーは彼らの申し出を固く拒否し、彼らの乗船も許可しなかった。しかし、同月二九日、ペリーはコンティ大尉とウイリアムスに那覇の市長を訪問させている。市長は贈り物が拒否されたことを残念がっていたので、コンティ大尉は、かかる場合には贈り物を受け取らないのがアメリカ政府の慣例であって、決して無礼な振る舞いをするつもりはなかったことを伝えた。三〇日には、琉球王国の行政長官が部下一人を連れ旗艦に来訪した。彼らは艦長室に通された後、艦内を見物した。彼らは相当の好奇心を抱いており、警戒心も明白であったが、終始落ち着いており、その態度は厳粛であった。その後、今度は那覇の市長がペリーに六月二日の午後二時に宴を張ることを打診したが、ペリーは出席しないことを告げる。ペリーは琉球側の嘆願書を受け取り、その後、返書を琉球側に手渡し、首里城を訪問した。

ペリーの遠征日記には、琉球における饗応と異文化である琉球の様子が次のように記述されている。

隊列を構成するのは海兵隊二個中隊であり、大砲二門のほか、サスケハナ号とミシシッピー号の楽隊および軍楽隊が先導する。これにさらに四〇名ほどの士官が加わった。

行列の練り歩く曲がりくねった道は、両側を立ち木や花咲く灌木に縁取られている。これほど美しい行列はまたとあるまい。（中略）王宮は高く分厚い外壁に守られていた。その外壁に切られた正門をくぐった後、さらにいくつかの門を抜けて、ついに王の居館の前に出た。

その後、ペリー一行は謁見の間に入り、この上なく丁重に迎えられた。そこにいたのは摂政のほか、王国財務官・親雲上（ペーチン）であった。数ヤードばかり歩いた後、見事な建物に案内され、摂政の儀式用の広間に通された。程なく、何十という皿数の山海の珍味が並べられ始めた。

料理は肉、魚、野菜、果物などの御馳走で、主に肉の煮物またはスープの形で小さなお椀に盛られ供された。それと共に、非常に小さな器に入った「酒」と、大きさは普通であるが、受け皿のないカップに入ったお茶が出された。お茶は非常に薄く、砂糖もミルクも入れずに飲んだ。

ペリーが、中国人と日本人の文化慣習や気質などの相違を明確に区別することが出来なかったことは、「遠征日記」を一読すれば明らかである。しかし、こと食文化については、ペリーは両文化の相違を以下のような表現で比較した。

As to the culinary skill that had been employed in preparing the regent's feast, they were certainly dishes of the composition of which the guest were ignorant ,but still they were, in general, savory and very good; much more so than those presented by Chinese cookery.... (The Lew Chewans) were ready enough to drink, on private account, without any stately formality, as the *sake* circulated freely during the eight courses of soup. When the Commodore supposed the soldids were about to appear, he rose....

「料理は実に素晴らしく、中国料理よりも美味だと思った。新しい料理が出てくるたびに、主人たる摂政と同僚の高官たちが客にお辞儀をする。これは我が国での祝杯を挙げる作法と同じであることが解った。すべての料理をどうにか平らげ、スプーンほどもない小さな器の酒で何度も祝杯を挙げた後、私は立ち上がった」（なお、日・中・琉の三つの食文化に関して、「食という面では、日本や中国よりは琉球のほうがはるかに優れていると思う」と、強調している個所も記録にある)。

また、ペリーは、那覇で初乗りした馬と駕籠《かご》について、興味深い観察を行っている。

摂政と三人の親雲上に送られて都の門まで来ると、そこで正式に別れの挨拶を交わした。兵たちを整列させて、来た時と同じように帰路に着く。ここで付け加えておくと、私の乗った馬は非常に小型であったが、姿は美しく、よく世話をされているようであった。この馬と駕籠――駕籠というのは輿《こし》の一種のようだが、天井がたいへん低いので脚を組まねばならず、非常に乗り心地が悪い――駕籠かきたちが、私と士官数名のために用意された。

ペリーの琉球側に対する饗応

琉球寄港から一ヶ月後の六月二八日、ペリーは琉球の行政官と財務官をサスケハナ号艦上の晩餐に招待した。晩餐会当日、ブキャナン艦長が彼らを出迎え、艦内を案内した。水兵たちは武装し、音楽隊の演奏の下に欧米風の晩餐会が行われた。彼らは欧米風の礼儀作法を知らず、多少当惑していたようである。

晩餐は非常に立派なものであった。ペリーは世界各地の酒をふるまったが、賓客にはオランダのジンが最も高く評価された。食事が済むと、彼らは煙草を吸わせてくれとペリーに頼み、その代わりに自分達の煙草を差し出した。

メロンとバナナは行政官と財務官を夢中にさせ、彼らは自分たちの妻にそれらを土産として持ち帰る事を願い、上衣の一部をポケットがわりにし、一杯に詰め込んだ。他人行儀は完全に消え、賓客は大変満足していたが、行政官だけは少々不安な様子であった。アメリカのお茶であるとして「コーヒー」が支給されたが、彼らはこれには無関心で、むしろ煙草に夢中であった。このような和やかな雰囲気の中で饗宴は終わったのである。

横浜におけるペリー提督一行への饗膳

一八五四年三月八日、ペリーは軍楽隊を先頭に横浜海岸に華やかに上陸し、その直後、彼の部下である各艦長や士官、ウイリアムスをはじめとする通詞など八〇人と共に、駒形水神近くに急造された横浜応接所で、正式な日本料理による歓迎の饗応を受けることになった。「武州横浜於応接所饗応之図」によれば、「饗応料理」は式三献（三三九度）の酒宴儀礼を伴った「本膳料理」であったという。これは、「ハレの饗宴料理」で、王朝の饗膳を基にして室町時代に誕生したものである。江戸の食文化は文化・文政を経て高度に洗練され、今日の婚礼料理などに受け継がれている。ついで同年三月三一日、横浜応接所で「日米和親条約」が調印され、その後、ペリー一行には幕府から祝宴の日本料理が用意された。幕府側もまた、調印に先立って林大学一行がペリー提督から招待を受けている。ここでは、ペリー提督一行の初の横浜上陸に際して、幕府側が用意した食卓外交の様子を探ってみたい。

日本側が横浜でペリー提督一行に用意した「饗膳」は、百種類に及んだと言われる。通常、「本膳」と言えば二汁五菜というのが建前である。しかしながら、実質は二汁七菜で、その内容は実に多様であった。料理に使われた素材は早春の江戸湾・相模湾・房総海岸で取れた地回り品でかためられ、産地・品質・鮮度の吟味を重ね選び抜かれた新鮮な魚類・山菜類など、百点の材料が用いられた。

献立としては、「吸い物」・「汁」・「なます」・「刺し身」・「焼き物」・「煮物」・「蒸し物」・「練り物」などが次々に支給された。その中でも、魚の王様といわれる「鯛」が重宝された。特に、大鯛の「姿焼き」や鯛の「ひれの吸い物」・「刺し身」・「洗い」・「煮物」・「蒸し物」など、六種の鯛料理は圧巻であった。ちなみに、室町時代に武家が縁起を担ぐために珍重した「祝い魚の王者」である鯉に関しては、「煮物」の一種だけだった。

以上の料理を中心に、日本側はペリー提督一行を丁重にもてなしたのである。費用にして二千両（一億円以上）を上回るものであった。

「饗応料理」の際、幕府側はペリー一行に配慮し、高足の塗りのお膳と椅子を用意し、また箸と共にさじ（スプーン）も手配した。ペリー側は、慣れない箸の使い方を日本の役人に身振り手振りのノン・バーバル手段で教わりながら、「饗膳」を味わったのである。

西欧料理の味覚に慣れていたペリー提督一行には、横浜での魚を中心とした饗応の献立はどのように受け止められたのであろうか。まず、ペリー自身については、『遠征日記』に「魚、汁、生菓子、果物、酒などのご馳走のもてなしに、一行は大変喜んだ」との記録を見ることが出来る。また、モリソンは著書“Old Bruin”の中で、幕府側の饗応について英文で次のような説明を加えている。

(After signing, Perry then presented an American flag to Hayashi, and fieldpieces to Ido and Izawa,'to evidence our intention never to oppose your country.') All then sat down to a Japanese feast, which has been frequently depicted in contemporary prints, complete with lengthy menu which included an entire fish for each convive.... With the Japanese Commissioner's permission, Commodore and his staff took long walks around Kanagawa, called on the mayors to exchange toasts in *sake*....

ペリーは日本人の料理方法を含む器用さには、かなりの関心を示しているものの、魚中心の饗宴の食べ物には、評価を与えていない。例えば、ペリーは「それはさておき、日本人の食べ物に関しては、大変結構とはいいかねる。これは、我々の観察に基づくものであるが。見た目の美しさや豪華さにどんな贅を尽くそうとも、日本の厨房は満足の行くものを生み出していないと言える」と記している。

ペリー提督の幕府側への饗応

一八五四年三月二七日、ペリーはポーハタン号の艦上に幕府側の七〇名を招待し、盛大な饗宴を持った。これは日本側が条約締結後に設けた饗宴の二日前に、ペリーが計画したものである。ペリーは、「私は苦労をいとわず、この大勢の日本側の客を気前よく接待した。彼らの出した魚のスープと比べて、アメリカ人の歓迎とはどんなものか教えてやりたいと思っていた」と述べている。

本来であれば、外交上の友好の気持ちを表わすためのレセプションは、入港時に行うのが常識である。しかし、ペリーは交渉を有利に進めるためにも、また日本側の反応を探るためにも、あえて条約締結の寸前まで待つほうが効果的であると考えたのである。ペリーはパリ仕込みのコックを乗船させていた。このコックは一週間夜も昼もなく働き、ニューヨークのデルモニコの料理にもひけを取らない、多種多様な料理を準備した。ペリーは前々から交渉が成功したあかつきにはこのような午餐会を開こうと考えており、そのために牛や羊や様々な鶏を生きたまま飼っていたのである。これらに加えて、ハム・舌肉・保存用に加工した大量の魚はもちろん、野菜や果物をふんだんに用いて、山のような御馳走が作られた。これらの豪華な料理は、日本側のみならず艦隊の士官全員に振る舞われたのである。

むろん、シャンペンやワイン、日本人好みのリキュール、それにパンチも大量に用意された。当時としてはまさしく破格の待遇であったが、艦上という不便さをも考慮に入れるならば、このペリーによる饗応は、今日の迎賓館やホワイトハウスで来賓に用意される料理以上の費用と労力を費やしたものであったと言えよう。

さて、「酒」は多種多様のものが用意されたが、これには次のような理由があった。ペリーは、日本人と打ち解けたコミュニケーションをする場合には、コミュニケーション学者のディーン・バーンランドが使用した、「飲ミュニケーション」、“Alcommunication”――日本人は酒を飲むとホンネで語り合える――の使用が有効であることを熟知していたのである。

ミンストレルズ（アフロ・アメリカンの音楽隊）の催しもあり、饗宴は最高潮に達していた。アメリカ側も日本側もすっかり打ち解け、「通商と農業は日米をますます結びつける」、或いはカリフォルニアの金鉱その他の魅力を話したりしていたところ、「日本人は飲めるだけの酒をしたたかに飲んで、退席の用意をした」と記録されている。また、松崎万太郎は腕をペリー提督の体に巻きつけ、「日本とアメリカの心は同じ」と日本語で繰り返した。一方、林大学は控えめに、すべての料理に手をつけ、数々の葡萄酒を飲んだが、彼だけは正気であったという。日本人の音頭によって甲板の一団がドンチャン騒ぎを始め、音楽隊の演奏は台無しになり、テーブル上にふんだんに用意された料理は瞬く間に消えていった。日本側の中には、ペリーが用意したお土産用のケーキや砂糖菓子以外の料理までも、身の廻りに詰め込んで持って帰ろうとする者もいたという。アメリカ側は、これら日本側の外交面での無作法さを『ペリー遠征日記』に記録として残しているのである。

以上、琉球側と幕府側がいかなる食卓外交でペリー提督とその一行をもてなしたのか、また、一方でペリーがいかなる方法で日本側と対応したのかという点について、異文化戦略コミュニケーションの視点から歴史資料を用いて概観してきた。日本側は誠意を持ってペリーとその一行を饗応していたのだが、残念ながらペリー側にはその意図は通じなかったと言える。

板良敷朝忠

一般には、ペリーと日本側の条約交渉を顧みる際、条約交渉は日本料理による歓迎の祝宴に始まり、調印の祝宴に終ったと伝えられている。しかしながら、実際はこれとは反対に、琉球側や幕府側の方がペリーの催した饗応、すなわち「食卓外交」に圧倒されていたのである。本章では、ペリーが中国料理風の琉球の饗膳に比べ、横浜での献立についてはそれほどの称賛を与えていないことを明らかにしたが、これは、当時未だ日本の食文化が異文化において認識或いは理解されていなかったためであると思われる。今日のアメリカはおろか世界における日本食の普及を考えれば、今昔の感を催さずにはいられない。

一九九八年一一月二〇日、クリントン米国大統領が来日した際、小渕首相は大統領の好物である「天ぷら」を、ある昼食会のメニューとした。クリントン大統領は箸を巧みに使い、日本酒を口にしながら天ぷらを味わった。大統領は首相自ら持参した清酒——大吟醸酒「大賞月桂冠」——を賞翫したという。

外国には、接待側の客人に対する親近の度合い、また客人の重要度は、献立に投影されるという考えがある。つまり、晩餐そのものがすぐれた外交交渉になるという意味である。その点において、幕府側がペリー側にとった饗応は、異文化戦略コミュニケーションの視点から言えば、最良の結果を生まなかったのである。

［追記］

ところで、日本が鎖国政策を継続して場合、ペリーは軍事行動を取っていただろうと言われている。しかし、筆者が調査の結果得た結論は、ピアス大統領は断じて軍事行動を許さなかったであろうというものである。万が一、ペリーが軍事行動という道を選んでいた場合、あまりにも差がある軍事圧力の下、日本は米国の植民地になっていた可能性も強いだろう。ただし、日本側で世界の情勢をいち早く掴んでいた次の二人の人物がいた。琉球においては若手のミディエーターであった板良敷朝忠《いたらしきちょうちゅう》であり、幕府側においては若干二〇代半ばの老中首座・阿部正弘である。この阿部の決断によって、日本は開国という道を選択した。板良敷と阿部の両者が、危機管理の一端として保持していた対米情報と対外異文化戦略コミュニケーション力によって、日米間の戦争が回避されたのである。

第八章

ペリーと箱館

——米・露・中・琉・日と羅森——

第八章　ペリーと箱館—米・露・中・琉・日と羅森—

箱館とペリー提督

一八五三年七月、ペリーは軍艦四隻を率い、那覇・小笠原諸島を経由して浦賀沖に到着。そして、フィルモア大統領の将軍宛親書を浦賀奉行に手渡し、翌年の再来航を約して帰国した。翌年二月、今度は軍艦七隻を率いて来航し、一八五四年三月三一日、横浜における交渉の結果、日米和親条約が調印されるに至った。ペリーはこの条約によって開港されることになった下田と箱館の二つの港を視察している。下田を出発して四日後、五月一七日に箱館に到着した（当時、江戸から箱館まで、陸路では夏期三〇日、冬季三七日という日数を要した）。これに先立ち、徳川幕府は当時蝦夷地を治めていた松前藩に対し、アメリカ船が来航する旨を通達した。松前藩の驚きは非常なもので、アメリカ船滞在中は婦女子の外出が禁止された。また、葬式は夜に行なうことなど、極めて詳細な心得が箱館市在に下達されたことが記録されている。

ペリーの日本滞在に関しては、『遠征日記』に詳しく記録されている。しかし、こと箱館滞在に関しては、詳細に述べられていない個所が多々存在する。

したがって、ここでは、（一）箱館における黒船旋風とペリーの箱館観・ロシア観・日本観、またペリーが箱館に残した史蹟を紹介することからはじめ、（二）箱館におけるペリー側と松前藩の「コンニャク問答」を含む異文化交渉の諸問題、（三）ペリー来航のインパクトと影響を受けた人物を紹介し、（四）『遠征日記』の中で詳しく取り扱われていない、ペリー提督の通訳である羅森の米・中・日の関係史上における功績と、彼が幕末の世論に与えた影響について、昆布ロード・ルートの視点から探ってみたい。

箱館の黒船旋風

ペリーは日米和親条約が締結されると、当時松前藩の支配下にあった箱館へ旋風のように来航し、すぐさま港の下検分を行なった。ペリーは箱館来航前に、すでに箱館の地理的・軍事的位置づけ、貿易上の経済的価値の重要性を認識していた。

ペリー艦隊の通訳ウイリアムスの記録によれば、旗艦ポーハタン号とミシシッピー号の二隻は、下田を五月一三日に出港し、箱館には五月一七日に入港した。この黒船の船脚を計算すると、平均時速七・五ノットとなる。一八五七年に進水した日本最初の西洋式帆船である「箱館丸」は、箱館から江戸までの航海に一八日を要しており、ペリー艦隊の四日間という日数は、当時としては想像を絶する疾風の如き早業であったことが分かる。

ペリーの地政学的箱館観

ペリーの目には、箱館はどのように映ったのであろうか。それを知るには、ペリーの来航目的をみれば判明する。ペリーの箱館来航の目的は、(一) まず軍事的位置を含むジオ・ポリティクス(地政学)の確認であり、(二) 貿易・経済上の戦略的価値の重要性を調査すると同時に、(三) 交渉を展開することであった。

ペリーが箱館を訪問した際の最初の印象は、「その安全さにおいて世界最良の港の一つ」というものであった。ペリーが箱館港を絶賛したことは確かであるが、その訪問の目的には、次の二点のジオ・ポリティクス的要素が含まれていた。

一つ目は、津軽海峡を抜け、日本海を通って中国に達する「地理学的航路の発見と確認」である。津軽海峡はアメリカ西海岸から太平洋と日本海を最短距離で直接に結ぶ、唯一の海峡である。そのため、ペリーは箱館の街自体にはあまり関心がなかったと、日本側の資料は伝えている。しかしながら、ペリーは明らかに箱館を下田や横浜以上に気に入っていた。例えば、『遠征日記』には次のように記録されている。「この町は、北緯四一度、東経一四〇度四三分に位置している。領主の住む都とやらは松前にある。しかし、箱館はその松前に次いで二番目に大きな町である。高くそびえる半島の西側斜面などは、見たところイベリア半島のジブラルタルに瓜二つである。低い地峡によって本島の岸につながっているのだが、その地峡などはジブラルタルの要塞をスペイン領と分かつ中立地帯にそっくりである」。また「正面の広々とした湾と、その向こうにかすかに見える陸地を眺めるたびに、他の外見的特徴ともあいまって、かの名高い要塞都市とその周辺を想い出さずにはいられない。さらに驚くことに、この町が狭い海峡に面していること。（中略）人々の暮らしも下田より安楽で、贅沢にさえ見える。彼らの住居も下田のものよりも広くて快適である」と。また、幕府の役人がペリーに対して「箱館は貧しい町」と強調するのとは対照的に、ペリーは六千人の人口を有していた箱館の将来性を高く評価している。津軽海峡の重要性を考えると、箱館という日本のジブラルタルに相当する土地の位置づけが明白になるようである。

二つ目は、北の見張り役である松前藩の政治力、北辺周辺の対外政策に関する露・米・日・中関係、それに捕鯨と食料問題のことを念頭に入れての観察である。

例えば、ペリーは松前藩について、以下のような肯定的な評価を与えている。「松前も同じように、もっと北のほうに進み、そして、わが捕鯨船がその近辺を頻繁に訪れるサンガル海峡（津軽海峡）を抜けて通過する船舶にとって、位置の上で便利で良いところである。サンフランシスコから上海まで航海する際に、この地が確かに一番安全な航路ではないにしても、最も近い航海であり得るか否かは考慮すべき問題である。」と。

ただし、ペリーは後でも述べるが、交渉場所としては松前を全くといっていいほど否定的に捉えている。ペリーの観察では「松前はかなり遠隔の地であり、しかもひとりの大名に属している。この点は今は決定することができず、交渉のためには明年第一月まで若干の時間が必要である。何故なら、結論に達するためには、中央政府とその他の大名の同意の両方が必要であるからで、それ故、提督がその大名と交渉したところで、まったくの無駄となろう」と観察している。なお、当時アメリカは、大西洋における捕鯨が乱獲により衰退したため、捕鯨活動の拠点を、北海道近海を含む北太平洋の中部へ移動せざるを得なかった。それが対日交渉の基本戦略の一つともなった。（『ペリーの対日交渉記』）

食料基地としての箱館

ペリーは、食糧基地としての箱館を経済的視点から観察している。

「漁業で生計を立てている人の例に漏れず、箱館の人間は農業にはあまり関心がない。しかし、われわれが観察した限りでは土壌は非常に肥えていて、耕作には最適である。……補給物資は主に九州および四国の二島から得ており、活発な沿岸貿易が行われている。」また、「箱館を出港するジャンク船は、魚の干物、加工した昆布、数種類の保存加工した海藻を積んで行き、帰って来るときには、米やその他の穀物、サツマイモ、タバコ、茶、砂糖、衣類、絹織物、刃物類、陶器、磁器類、その他必要な物は何でも積んで帰って来る。百隻以上ものこれらの船が、われわれの短い滞在の期間に、帝国の南方のさまざまな港を目指して出港していったが、積み荷はすべて海産物であった。」と『遠征日記』に記している。また、箱館上陸後も、欧米人にとって好物である猟鳥のカモやガン、鶏肉、それにジャガイモ、サツマイモ、エンドウ豆、インゲン豆、チチャ、タマネギといった野菜の必需品も手に入れることができること。加えて、艦隊の引き網でカレイ、ニシン、貝、カニをはじめ多くの種類の魚介類が捕れたことも確認している。要約すれば、ペリーは箱館がアジア太平洋地域において、戦略的に重要なトレーディング・ポートであり、かつ補給地であること――「船が一、二隻あればある程度の鳥肉、卵、野菜の補給は常に得られる」――と強調し記録として残し、琉球同様に箱館を気に入ったのである。

那覇と箱館の違い

ペリーは箱館滞在中、公務を離れて次のような箱館観を記録に残している。ペリーは街頭で重箱や印籠などの上等品を購入した。部下のアメリカ兵たちの買い物には、塗物、墨、瀬戸物、煙草入れ、木魚など日本の伝統的な品物、加えて子供用の日傘、絵本類、子供太鼓等の土産品がみられた。箱館の役人、商人、茶屋の人々はペリー一行が持ち込んだ写真機に魔力を感じたと記録されている。

ペリーは箱館では、那覇で感じた懐疑心や支配層の陰謀なども見受けれられないこと、また、街の雰囲気も違うことを強調している。それは、日米和親条約の前後というよりは、箱館と那覇の置かれた幕藩体制下の位置の違いによるものであろう。つまり、「日清両属」の歴史を背負った「南」の港「琉球の那覇」と、最果ての地の「開拓」の拠点としての「北」の港、そしてさらに「ロシア」に対し、日本の存在感を示す北の「防波堤」の役目をになう箱館との違いである。

ペリーのロシア観

次にペリー提督の箱館から見たロシア観であるが、ペリーは箱館を松前伊豆守宗広の領地で、江戸から遠く離れていても重要な地であることは理解していた。しかし、ペリーは、二十数日の箱館滞在中に松前が幕府の直接支配を免れてアイヌの人々と貿易することが可能であり、しかも彼等を媒介としてロシア人や中国人とも取り引きできることを確認することができた。加えてペリーは蝦夷地が日本の北境に位置し、密貿易はできるがロシアとの摩擦も度々生じていたことを確認した。また、ロシアの北海道地域までにも及ぶ南下戦略とプチャーチン提督の動向について再認識する。

ペリーの箱館を通しての日本観

ペリーは二週間の箱館滞在を通して、下田港とも関連させながら日本の現状を把握しようとしていた。

例えば、ペリーの帰国後の公的な報告書を概観してみると、次の観察が記録に残っている。

（一）日本の技術について――「実際的および機械的技術において日本人は非常な巧みさを示している。日本がひとたび文明世界の過去、現在の技術を有したならば、強力なライバルとして機械工業の成功を目指す競争者の一人になるであろう。」

（二）日本人の好奇心と知識について――「読み書きが普及していて、見聞を得ることに熱心である。彼等は自国の事情を知っているばかりか、他の国の地理や物質的進歩、歴史についても相当な知識を持っており、我々も多くの質問を受けた。長崎のオランダ人から得た彼等の知識は、実際に見たこともない鉄道や電信、銅板写真、ペキサン式大砲、蒸気船などに及んでおり、それを得意気に語った。また、ヨーロッパの戦争、アメリカの革命、ジョージ・ワシントンやナポレオン・ボナパルトについても的確に語ることができた。」また「艦上で目に触れる珍しいものに対して、上流階級が示した知的関心と同様に、庶民達も、アメリカ人が上陸するたびにその衣服などに熱心な興味を示した。日本人は街中でたえず士官や水兵を取り囲み、その身体や帽子から靴にいたる服装の各部分の英語名を身振り手振りで質問し、紙と筆を取り出しては控えを取った。」

（三）日本人の労働と遊びについて――「日本人はかなりの労働をするが、時々の祭日をもって埋め合わせをし、また夕方や暇な時間には勝負や娯楽に興じる。」などである。

（四）その他として、日本人の衣装と食事、日本の女性について――「既婚の女性のお歯黒の批判（既婚女性と未婚女性を区別するのがその黒い歯である。日本人はこれを、たとえようもなく美しいと考えているのだが、たいていの国では、妻がこんな歯をしていたら、夫はものも言わず逃げ出してしまうだろう。）」――以外は、肯定的評価を与えている。

（五）日本の家族に招待され大いに喜ぶ。ペリー一行にとっては、「東洋人の一般家庭を訪問したとき、女性を含めて家族ぐるみの接待を受けたのは、日本でこのときがはじめての機会であっただけに、感銘が深かったと思われる。」

と大江志乃夫も『ペリー艦隊大航海記』の中で述べている。

（六）箱館では、「将棋」を覚え、「花札」にも興味を持つ。『遠征日記』には「牧師のジョーンズらが、箱館の街中で雨にあう。雨宿りした番小屋（派出所）で将棋を覚えた。また。トランプに似たカード遊びをする」と記録されている。

ペリーと松前藩との異文化交渉

ペリー艦隊の「黒船北上」の第一報は、早馬によって松前藩には四月一二日に知らされていたが、松前藩にとっての最大の問題は、アメリカ側との交渉にあたって英語をわかるものが一人もいなかったことである。

松前藩は、五月三日に当時の箱館市内の街角に一八項目から成る「亜米利加渡来箱館町役所觸書」を出し、異国船来航に対する心得を示したのである。

「一、異国船渡来の浜辺へ罷出、或いは屋根上等へ登り見物致し候儀、堅く不二相成一旨。兼て被二仰出有レ之一同心得居候筈に候得とも、亜墨利加船の儀は別段之儀、達迄もなく心得違いたし、見物に出候ては以外の事に候。若右様不埒の者有レ之候は、ただ申開の有無に不レ拘、取押入牢可二申付一候。（『亜米利加渡来箱館町役所蝕書』松前藩、一八五四年四月七日、『箱館英学の起こり』p.15）

要約すればアメリカ船が来航した際には、浜辺をうろついたり屋根によじ登って見物したり、また小舟に乗って異国船に近付いたりせず、日本船はすべて内潤のほうへ繰り入れて、もやいを並べて繋ぎ、万事につけお達しを守ること。もし心得違いの人物がいるならば、手当たり次第、取り押さえて入牢を申しつけると四箇所にわたって「取押入牢可申付候」と繰り返し念を押している。では、日米の間で交渉はどのように推し進められたのであろうか。交渉は、まず「英語」、「中国語」、「日本語」（また、その逆）を核に、「予備折衝」から開始された。

ペリー側と松前藩との交渉にあたっては通辞であったウィリアムスの手探りの日本語と中国人の羅森の漢文による筆談、そして、やや遅れて駆けつけた武田斐三郎のオランダ語による筆談を基にやりとりが行なわれた。言葉の壁がわざわいして意思の疎通と伝達がままならず、ペリーは苛立ったという。しかしながら、ペリーは測量して検分した箱館が自然の良港であることにも大いに満足したという。ちなみに、『遠征日記』にも「（箱館港の）その広々としていること、あらゆる方角の風から完全に守られている点では、世界中のどの港にも優るとも劣らない。内港の錨泊地の水深は五から七尋、海底は投錨に適していて障害物もなく、しかも帆船を百隻係留できるだけの広さがあり、うってつけの場所である」と説明されている。

ペリーの対松前藩交渉と松前藩の対ペリー交渉

ここでは、ペリーが観察した松前交渉と、松前側が観たペリーの交渉を比較してみるとする。

ペリーは、箱館における松前藩主との交渉に関し、次のような記録を残している。

五月一七日に投錨すると、私は時を移さず当局との交渉にとりかかった。先に到着したアボット大佐が、先任士官としてすでに奉行と連絡をとっていたが、もちろんまだ何も決まっていなかった。そこで、翌朝（五月一八日）、旗艦付の副官のベントに、ウイリアムスとトポートマン両氏をつけて、奉行のもとへ派遣した。以下に、私自身と当地の当局との間で行われたやりとりをまとめて述べる。

なお、ペリーが会った当地の代表者達とは、遠藤又左衛門、石塚官蔵、工藤茂五郎、藤原主馬《しゅめ》、関央《なかば》、代島剛平、蛯子次郎であり、その後に松前侯の血縁にあたる松前勘解由《かげゆ》が加わった。

ペリーは、日本側の非言語コミュニケーションと松前氏に関して、次のような興味深い観察を行っている。「あらゆる問題が彼（松前勘解由）に相談されていた。明らかにほかの高官たちから上役として扱われていたが、ほとんど口をきかないのである。彼等の内では、遠藤又左衛門が最も実力があって、しかも実際的な人物のようで、日本でこれまで会った人々の内では、確かに一番物分かりのよい交渉しやすい人物であった。」

また、ペリーを驚かせたことは、オランダ語通訳など、江戸から派遣された役人達がまだ到着していなかったため、当地の役人たちは神奈川での交渉については何も聞いていなかったことである。ペリーは、これに関して「先に派遣したマセドニアン号などの艦船が、帝国の高位の委員からの手紙を携えてきて、それで初めて知ったというのだ。私が日本語で書かれた条約を見せ、中国語の写しを渡すまで、彼等は条約について何一つ知らなかった。」続けて「奇妙なことに、我々の出航予定日の前日になって、江戸から二人の使節が到着した。安間純之進と平山謙二郎の二人で、オランダ語通訳を一人ともなっていた。しかし彼等に言うべきことは何もなかったので、我々は六月三日の朝に港を離れて下田に向かった」と述べている。

コンニャク問答交渉

では、松前側は箱館におけるペリー側との交渉を、どのように捉えたのであろうか。それに関するの記録は、『松前町史』が詳しい。松前勘解由は、ペリーの対抗型交渉パターンに対して、通称「コンニャク問答」に基づき回答を

ペリー会見所跡（函館）

回避する戦略を使用した。（大江『ペリー艦隊大航海記』）

「（松前）勘解由の公子然とした態度、のらりくらりした回答は〈松前勘解由のコンニャク問答〉として諸大名に有名になったが、その間の苦衷は計り知れないものがあった」と記されている。一方、ペリーは『遠征日記』で勘解由に対しては違った解釈をしている。「提督は、勘解由から訪問を受けた翌日上陸して、この高官を訪ねた。勘解由は松前侯からの信任状を提出し、侯の来箱の不可能なることを極力主張した後、松前侯の代理人たることを公式に承認された。けれども彼は、アメリカ人が当地と交通するにあたっての制限区域をはっきり決定することを拒否し、結局この問題は提督と下田において会見するはずの委員に委託すべきである、という相互協定をもって解決された。」と勘解由の明確な、しかも率直さに基づいた交渉スタイルに印象づけられたことを記している。

また、艦隊の一行が箱館に上陸している間に、遊歩区域で商人たちとの間で起こったことに関して、ペリーは「（市中における）この小さないざこざのために談判が生じたけれど、いつも相互の了解によって解決され、つまるところアメリカ人とあらゆる階級の日本人との間で良き理解と、きわめて親しい感情をうち開くことになった」と記している。また、蝦夷地付近で遭難し漂流者となった外国船・捕鯨船数隻の船員の消息調査依頼に関しても「箱館の役人から回答を得たことは、アメリカ側の大いに満足するところであった」と、勘解由が使用したとされる「コンニャク問答」交渉スタイルに関しての記録は見うけられない。

異文化交渉の難しさと陰の通訳羅森

日本側との異文化間コミュニケーションには、随所に問題が残った。例えば、「亜国来使記」には通辞ウイリアムスと日本側との異文化間の意志疎通に関して、次のような記録が残されている。

菓子茶煙草をふるまいながら……「通辞ウイリアムスと申すもの日本語にて当初へ渡来之儀横浜下田碇泊中之事抔申聞候得共耳定と相分兼候由依而程能乃挨拶処」

これは、対応にあたった松前藩の役人が通辞のウイリアムスの手探りによる日本語を聞いて、「しかとわかりかねたので、ほどよい程度の挨拶をしてお茶をにごした」という意味であるから、日米双方が意志疎通に苦慮したようである。

一方、ペリー提督の中国語通訳として活躍したのは羅森という人物であった。会談の席では漢字を使用した筆談で松前藩の役人と意志疎通をはかったという。古文書の記録の一部は、次のように示している。

異人　他問爾此魚在何処取来

答　命漁者者取之各處不有定処
異人　爾地方可能買鶏鴨魚各青菜菜薪水
答　此数品之中恐有欠求請者意在薪水吾告之有司然後講其事

——亜墨利加船箱館碇泊中御用記写（安政元年）

上記の筆談に基づき松前藩からペリー側に持参されたものは、鰊一一籠、鱒鰈共一籠、各青菜同野菜であったという。

しかし、羅森の功績について歴史書にはあまり記述されていない。箱館においての活躍も"the Chinese interpreter"（中国人通訳）として、『遠征日誌』に記されている。

ただし、ワイリーは「翌日、（一八日）、ウイリアムス、ポートマン、羅森、ペリーの息子の四人が上陸し、羅森を介して奉行に要求を伝えた。その内容は、物資の購入、ある程度の交易の許可、村の七里以内を遊歩できる権利、使用できる家の提供といったものだった（p.337）」と述べている。

羅　森（日本交渉学会研究発表資料より）

また、羅森がペリーの通訳として箱館を訪れた記録は、小嶋又次郎の「亜墨利加一条写」の中でも、「ウイリアムスはモリソン号に乗船し一八三七年に日本に来航したこともあり、『モリソン号事件』の一六年後にペリー提督に認められ首席通訳として日本を二度訪れ、二度目に羅森と共に来航した。」と記されている。ただし特筆すべきことは、ペリーはウイリアムスを通訳というより、むしろ外交、政治顧問として評価していたことである。

ウイリアムスは日本側との日本語による外交交渉の際に、自己の日本語能力に限界があることを手記の中で次のように述べている。

「これまで無学文盲の日本人の船乗りを相手に話していただけで、特に日本語の勉強をしたことがなく、その上この勉強相手とも九年ばかり接触がとぎれ、その間は誰とも話す機会がなかった。だから、私の能力にあまり期待をかけないでほしい」とペリー提督に伝えている。

実際には日本側との交渉は日本語ではなく、「漢文筆談」とオランダ語が主体であり、箱館での交渉の際には「漢文」だけを媒体とした異文化間のコミュニケーションが行われた。その際、日本語通訳を命ぜられたウイリアムスには、助太刀役が必要であった。その補佐役として漢文を担当したのが羅森であり、彼こそが重要なミディエーターの役目を果たしたのである。もし羅森がペリー艦隊に加わっていなかったならば、ペリーは条約を締結するにあたって相当な苦労が続いたはずである。

松前城資料館にはウイリアムスのインク書の英語の扇と、それを「漢訳」し墨書した羅森の直筆が残っている。(『昆布の道』)

日中関係と昆布ロード

ペリーの箱館来航の直後、清国の商人であった陳玉松は箱館を訪れて「昆布貿易」を行い、箱館から清国に直接昆布を輸出するルートを開いた。これにより、幕末の一時代を賑わした琉球の昆布貿易は幕を閉じ、新しく箱館が昆布貿易の中心となった。なお箱館の地名は明治二年から現代の「函館」に改められた。ところで、道東に「昆布森」という地名が存在するが、箱館の近くの「江差」はアイヌ語で「食用幅広コンブ」の意味をもつ言葉である。「昆布食史年表」によれば、一八二一年より大量の昆布が沖縄を通じて清国へ輸出されていた。噂によれば「万里の長城」を築いた「秦の始皇帝」が、不老長寿の霊薬として昆布を探し求め臣下を日本に遣わしたと言う伝説が存在する。

沖縄に昆布が大量に運ばれたのは、一七九九年に高田屋嘉兵衛がエトロフ航路を開いた前後と推定されている。しかし、それ以前の一六三九年に加賀藩が藩米を初めて大阪に回送した時に「元揃昆布」が沖縄に運ばれていた説と、それより百八一年前に「宇賀昆布」が沖縄に運ばれていた可能性があるという説もあり、その時期を断定するのはなかなか難しいということである。（「昆布と沖縄」）

一八二一年（道光元年）から中琉貿易が約五〇年間続けられ、薩摩藩の家老調所広郷はこの方式で藩の税制立直しを完遂した。

田島佳也の研究によれば、火山灰地で米の取れない薩摩は、幕末に入ると大都市の商人らに対する負債を五百万両も抱えたという。藩の年収はこの時、負債の年利の半分にも程遠かった。それで、まず返済方法を「二五〇年の無利子分割払い」に定めた。そして財政再建のとどめが昆布の密貿易であったのである。（「北海道」読売、一九九七年十一月一日）

薩摩藩は蝦夷の海産物が中国に通用したメジャー・ブランドであることを一番知っており、藩主の島津家はそれを「宝の蔵」と称していた。島津家は箱館から来た昆布の種を使用し桜島各地で養殖を試み、明治維新の一〇年以上前に家臣を蝦夷に遣わし開拓の可能性を探らせている。ちなみに、札幌に国内初のビール「札幌冷製麦酒」の醸造所を作ったのは薩摩藩出身の開拓使役人、村橋久成である。開拓使にかかわった人のほとんどが薩摩出身であった。

北前船と日本海昆布ロード

北海道の昆布を富山、盛岡や沖縄などの地域へもたらしたのは、江戸時代から明治中期にかけて隆盛を極めた「北前船」である。北前船は大坂から、瀬戸内、山陰、北陸を経由して東北、北海道を結んだ近世物流の大動脈であった。ニシンと昆布は北前船最大の交易品であり、船が寄港する各地に昆布がもたらされた。そのことから、その航路は「日本海昆布ロード」と呼ばれたのである。

当時、他藩の商人《あきんど》の出入りを禁じていたのが薩摩藩である。唯一藩内での「商《あきない》」を許されていた富山売薬が、昆布を薩摩藩に運んだのである。薩摩は中国との「昆布密貿易」により財政を再建し、明治維新の原動力を蓄えたのである。そして、輸出拠点を琉球に置いたことから、海上の「昆布ロード」は沖縄まで伸びることとなった。

しかし、時代とともに輸送手段が多様化し、日本海から北前船の姿が消える結果となった。ただし、北前船によって根づいた各地の昆布食文化は今でも健在である。

中琉貿易の終焉

北前船の姿が消えるとともに、それ以後の中・琉貿易は次第に衰退した。その理由は、清国の商人が昆布を購入するため、沖縄を通してではなく直接箱館に赴くようになったからである。一八五四年に広東出身の羅森がペリーの通訳として箱館を訪れ、箱館が昆布の集産地であることを知り「日米和親条約」に続いて五年後に通商条約が締結されると、清国の商人、陳玉松が箱館来航第二番の船に便乗して昆布の取引のため箱館に来た。この時点より、中・琉昆布貿易の終焉が見え始め、琉球処分の直前、一八七三年についに終止符を打った。清国の華僑が異文化圏である箱館に居住して、直接昆布を扱うようになり、琉球の昆布貿易の繁栄は、箱館に移行していったのである。一九一〇年に完成した函館の中華会館はその名残りである。

昆布が全く生産されない沖縄において、遠く北海道からかくも数万トン単位の大量の昆布を取り寄せ、取り扱うことには何か理由があったと推定される。ただし、二千三百キロを隔てた南国の食文化に、昆布は長寿ともてなしの心をはぐくんだことは確かである。

唐物や製薬原料の供給地である清国では、その頃、昆布に対する需要が特に高かった。そこで唐物の見返り品として昆布が登場することとなったのである。中国と琉球間の昆布貿易の要となった役所は「昆布座」と呼ばれた。

昆布の需要が高くなった主な理由は、カルシウム類を多く含む昆布に対し甲状腺障害の風土病が流行する中国の内陸部で爆発的需要があったからである。(「北海道」読売、前掲書)

羅森と陳玉松とは共に広東人であったため、箱館の昆布について両者が互いに情報交換を行い、陳が函館に持参した昆布の見本は羅森がペリーの船で持ち帰ったものと推定できる。

羅森はまた日本開国に貢献したばかりでなく、明治維新にも強い影響を及ぼした人物である。安政の大獄に倒れた橋本左内は、香港の雑誌「遐迩貫珍《カジカンチン》」を愛読していたが、これに羅森はペリーと一緒に来日した際の日誌をまとめた「日本日記」を寄せている。また、吉田松陰が羅森の著書である『満清紀事』を抄訳した「清国豊乱記」は太平天国について記述されたもので、それを愛読した当時の日本の志士達はアヘン戦争に続く太平天国の乱で苦しむ清国の事情を知り、日本がこうなってはいけないと一致して行動し短期間に日本を一つにまとめ明治維新を招来した。日本の世論醸成に少なからぬ影響を与えたのである。

列強国にとっての箱館とイギリスの昆布戦略

江戸時代の「異船諸書付」は、現代で言えば税関にあたる役所の資料である。その資料を繙けば、幕末に箱館に入港した外国船の種類と数を割り出すことができる。不思議なことに、それによれば国によって箱館に入港した船の種類に違いがあることが分かる。アメリカは商船とならんで捕鯨船が多い。他方ロシアは軍艦の数が圧倒的に多く、またイギリスが最も多いのが商船である。当時の記録を基にした表で示すと次のようになる。

【表】	商船	軍艦	捕鯨船
アメリカ	66	1	56
ロシア	6	82	84
イギリス	66	13	0

（一八五九年から一八六二年）

表を見てみると、それぞれの国が箱館に求めた役割の違い読み取ることができる。さかんに商船を送りこんでいたイギリスは、どんな役割を求めていたのであろうか。その目的であった品物は、現代でも函館で見ることができる。イギリスの商人達が注目したのは、蝦夷地で採れる海産物であり、中でも人気があったのが昆布であった。

おそらく、昆布はイギリス商船で中国に運ばれ高値で取引をされたのであろう。当時、イギリスは国際的に非難を浴びていたアヘンに代わる中国に対する輸出品を求めていた。その時に浮かび上がったのが箱館近海で採れる昆布であった。この昆布に関する情報に関して、イギリスは前述したペリーの関係者から得たものと推察される。

とにかく、北の海でしか採れない昆布は、室町―江戸時代には、貴重品として北海道から船で日本各地へ、さらに琉球を経て中国へと渡った。この海の道から、塩鮭などの食文化や様々な交易品が各地に広がった。北陸は、昆布の表面を薄く削った「おぼろ昆布」の生産が盛んな地域である。大坂や関西では、昆布の佃煮をよく食べる。京都の西陣織は、アイヌの人々が中国北部から輸入した「蝦夷錦」に影響を受けたといわれる。中国貿易の中継地であった沖縄には、今でも昆布のダシを基にした料理が多い。水揚げ量はゼロなのに、消費量では全国一である。中国からは、昆布の代わりに薬が入ってきた富山の薬売りが、それを全国に売り歩いたのである。

昆布は、もともとアイヌ語という説もある。かつての樺太（サハリン）や千島、大陸北部を自由自在に往来した北の交渉・交易者はアイヌの人々であった。昔から昆布を採り、和人とも交易した。しかし、一八世紀に松前藩はアイヌへの支配を強化し、交易ルートを独占する。当時の松前藩は、大坂で昆布を売った。一方、薩摩藩は大坂で琉球の黒砂糖を売り、昆布を買った。そして、琉球から中国に輸出し巨大な利益を得ていたのである。

ペリーと昆布ロード

では、ペリーは箱館における昆布の役割や昆布ロードをどう捉えていたのであろうか。ペリーの『遠征日記』によれば、以下の説明が加えられているだけである。

「（箱館）の人々の生計を支えているのは、もっぱら島々の近辺にある広大で豊かな漁場である。魚はさまざまな方法で保存加工され、帝国の津々浦々まで輸送されている。」という文から始っており、加工品としての昆布が箱館港から積み出されるとの記述にとどまっており、昆布を日・琉・中間の異文化戦略の交易品として見なしている個所はない。例えば、ペリーは「補給物資は主に、九州ならびに四国の二つの島々から得て、活発な沿岸貿易が行われている。箱館を出港するジャンク船は、魚の干物、加工した昆布、数種類の保存加工した海藻を積んで行き、帰って来るときには米やその他の穀物、サツマイモ、タバコ、茶、砂糖、衣類、絹織、刃物類、陶器、磁器類など必要なものならなんでも積んで来る。我々が箱館に滞在した短期間のうちに、帝国の南地域のさまざまは港を目指してこのような船が百隻以上も出港したが、積み荷はすべて海産物であった」としか観察していない。

ペリーが箱館に与えた影響

箱館には、ペリー来航によって影響された人物はむろん、数多く存在する。以下ではそれらのうちいくつかを取り上げ紹介したい。

まず最初の人物は、開港後の貿易の祖といわれた柳田藤吉である。柳田は一九歳の一八五六年に箱館入りし、箱館が貿易港となるとイギリス商人に南部産の大豆千石を売り渡したのを手始めに、清国の中国商人と「昆布取り引き」で本人自身が「儲かりすぎて気味が悪い」というほど、莫大な利益を得たのである。しかし、その後は清国の乱に巻き込まれて大損害を被り、貿易への意欲を無くして国内事業に専念するようになった。柳田は新しいタイプの貿易商人で、箱館に外国貿易の基礎を築いた人物である。

二人目は、日本の造船史に足跡を残した続豊治《つづきとよじ》である。続は、日本最初の西洋型帆船・スクネール船「箱館丸」を建造した人物である。彼は、ペリーの率いる「黒船」を観た瞬間に欧米の造船技術と製造力に強いインパクトを受けたと記録されている。彼は「異国船応接方従僕」の肩書きを得て、箱館に入港する艦船に出入りして船体の構造を学び図面を描いたといい、日本の造船史上に輝かしい足跡を残すことになるのである。

三人目の人物は、箱館奉行所と関係が深い。箱館奉行所時代の一四年の間に一三人の奉行が活躍した。その中には優秀な人材が就任し、幕末の海外五大使節全部に箱館奉行所の関係者が参加している。そして、奉行所勤務の父のもとで少年時代を過ごした益田孝は、箱館で異文化理解と英語の手ほどきを受け、後に三井物産の創始者となった人物である。黒船の箱館来航が、益田の英語修行を可能にしたと言われている。

人物以外の事柄といえば「箱館港」が一八五九年、修好通商条約によって、横浜、長崎とともに「国際貿易港」になったことである。例えば、開港から一八六七年までの九年間に、箱館に入港した外国船は六四〇隻に達した。外国の出先機関もアメリカ、イギリスはむろんロシア、フランス、オランダ、ドイツ、それにポルトガルが加わり、幕末の箱館は異文化交流のゲート・ウェーとなったのである。近代日本の世界への最初の玄関となった箱館は一八八九年に小樽港が特別輸出港に指定されるまで、北海道唯一の貿易港であった。

ペリー提督とマッカーサー元帥

最後にペリーの人物像に触れてみたい。ペリーは五七歳の時に日本遠征に携わったわけであるが、彼は有能かつ経験豊富な軍人であり、外交官でもありまた科学者でもあった。

ペリー生家

ペリーは常に野心に燃え、使命の重要さに感動していた。彼は堂々とした風貌と体格の持ち主であり、特にアメリカ海軍の高官であり、加えて日本派遣中は、威厳を片時たりとも失うことはなかったと記録されている。一方、ペリーは部下にも気軽に溶け込めるような人物ではなく、ユーモアにも欠けていた。そのためかペリーあだ名は「熊おやじ」であった。ところで、ペリーの性格と非常に似た人物が約百年後に「厚木飛行場」に到着した。その直後に、その人物は黒船が進入した同じ場所である江戸湾に赴き、アメリカの戦艦「ミズリー号」上でペリー以上の要求を日本につけつけたのである。その人物こそが、時の連合国軍最高司令官であったダグラス・マッカーサー元帥であった。

両者の共通点は、以下の七つに要約できる。まず、ペリーもマッカーサーも㈠一族はスコットランド系アメリカ人であり㈡共に傲岸《ごうがん》不遜《ふそん》な人柄と使命感を備えて日本の開国に赴いたこと。㈢強烈な印象とインパクトを日本人に与えたこと。㈣日本人に逃避感情をおこさせることなく、政策を平和的に成し遂げたこと。㈤両者とも大統領を目指したが、行く手を当時現役であった大統領に阻まれたこと。㈥両名そろって「戦略型交渉力」を持った人物であったこと。㈦日本文化史の上で、忘れがたい地位をしめていたこと。㈧日本人が抱くアメリカ人のイメージにも大きな影響を与えたことである。

追記

一八五二年二月二日、幕府は開港の準備の手始めとして松前付近を除いて、蝦夷地全域を箱館奉行の直轄地とした。翌年の一八五三年の七月二八日に、村垣範正を箱館奉行に追加任命し、八月二一日には諸術調所を箱館に置き武田斐三郎を教授とした。箱館港には、一八五二年三月一日の開港以来、日米修好通商条約締結の一八五八年までに、アメリカの軍艦、商船、捕鯨船など計五一隻が入港している。

第九章

ハリスとの日米通商条約交渉の謎

第九章　ハリスとの日米通商条約交渉の謎

はじめに

一八五四年、日米和親条約が締結された。しかし、交渉の末、日本開国に成功したペリー提督は、日米通商条約の締結という大きな課題を残していた。アメリカのピアス政権が下田駐在総領事兼条約改定全権委員として送り出したのが、タウンセント・ハリスであった。一八五六年八月二一日ハリスは、ジェームス・アームストロング提督の率いる米国艦サンジェント号に搭乗し下田に到着した。この時、ハリス五二歳であった。

下田の現地日本人役人は、アメリカの領事の受け入れを拒否する言明をし、ハリスに退去を申し入れた。しかし、ハリスがそれを拒否した。するとその役人は、アームストロング提督に「ハリスを連れ去る権限はないのか」と尋ねる始末であった。提督は、自分の役割は「ハリスを下田に連れていくことであり、そこに置いてくる命令をアメリカ政府から受けていることである」と力説した。ハリス自身も「下田駐在は条約上の権利であり、これを放棄する考えは毛頭ない」と主張したのである（Foster R.Dulles,Yanyees & Samurai: *America's Role in the Emergence of Modern Japan*,N.Y.:Harper & Row, 1965）。

このことに関して、アーネスト・サトウが『近世史略』の翻訳書（一八七三年）に記載している。「（ハリス）は、日本側の役人の訴えには耳をかそうともせず、役人側が折れるより他に道はなかった」と述べている。ハリスは下田の玉泉寺に米国領事館を設置し、自分自身の下田駐在をもっと丁重にするだけではなく、江戸出府を許し、米国政府の主要目的である通商条約の交渉ができるよう、日本側を説得する決意を固めたのである。ハリスは下田での一四ヵ月の間、うんざりする日々を重ねた後、ようやく江戸出府を許されるわけであるが、それについての記録は、彼の滞在記録である *The Complete Journal of Townsend Harris*（Tuttle,1959）に詳しい。また、オランダからアメリカへ移民として渡った秘書兼通訳のヘンリー・ヒュースケンがいなければ、彼はまったく一人ぼっちであった。

日米通商条約の締結に向けての交渉に対してハリスは、時には友好的に、時には高圧的にアメリカ政府に有利な戦略で推し進めようとした。そのため、従来から通商条約は不平等条約であり、その主たる要因は、日本側の弱腰交渉によるものと見なされていた。しかしながら、通商条約の内容をよく吟味すれば、日本の将来に有益な条項も含まれていた。また、日本側の交渉態度も決して弱腰ではなかった。以下では、一見、対抗型交渉と見受けられた日米修好通商条約交渉は、実のところ、日本側交渉者が「粘りの交渉」を貫いたため、最終的には競争型交渉から互恵型交渉へ移行した例として、交渉学の視点で探求してみたい。

ハリスの来日

ペリー提督の残した最大の課題は、日米間の通商に関しての条約締結問題であった。一八五六年七月、何としてもヨーロッパの列強に先んじて日本との通商貿易を望んでいたアメリカは、当時、豪腕商人のタウンセンド・ハリスを対日通商条約交渉の切り札として抜擢した。ハリスは、ニューヨークの教育局長も務めた教育者であるとともに、アジア通の豪腕のアントレプレナー、すなわち貿易商人でもあった。アジア通であることとイタリア語、スペイン語、フランス語にも精通していたことが買われたのである。ハリスは、上海に寄港していたペリー提督に手紙を送り「次の日本訪問には是非、同行させてほしい」と頼んだが、ペリーから「軍人以外の者は絶対に乗船を許さない」という理由で断られてしまい、ハリスは失望する。しかし、この出来事がきっかけで、ハリスは極東駐在の外交官を志望することになる。ハリスを落胆させたペリー提督自身が、後にハリスの陰の有力な推薦者となる。その甲斐あって、一八五五年、ピアス大統領命令でハリスは日本駐在総領事に任命される。アメリカ上院がこれを正式に承認したのは、ハリスの日本到着二十日前の七月三一日であった。年俸は五千ドルであった。

下田に到着後、ハリスは玉泉寺にアメリカ総領事館を開き、総領事に就任する。幕府側に対して「早々に江戸で幕府との直接交渉を行いたい」と要求する。アメリカの狙いは、アメリカ東インド艦隊司令長官であったペリー提督が一八五四年に達成することができなかった日本側との「通商条約を締結する」ことにあった。

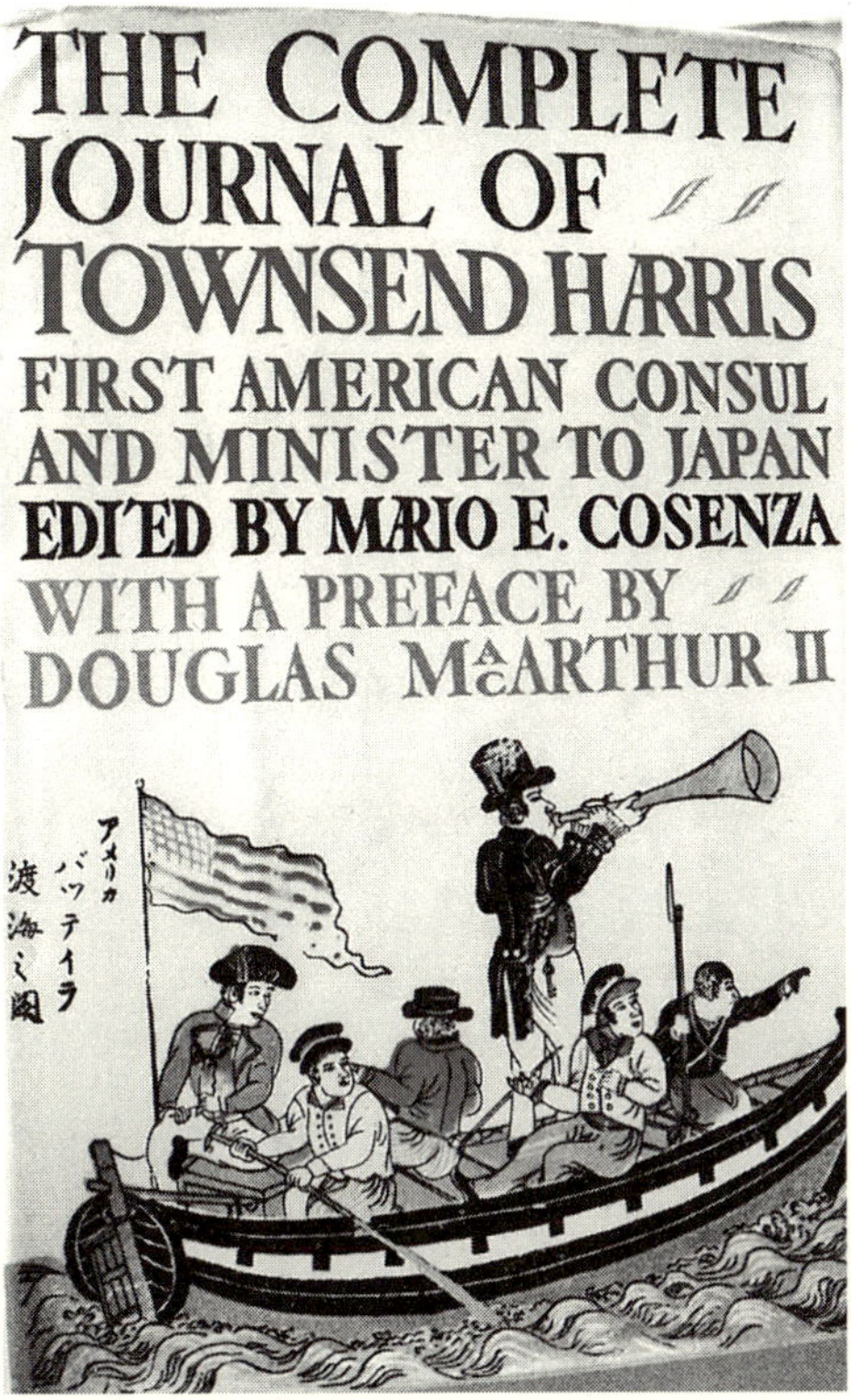

出版されたハリスの日誌

一八五四年の「日米和親条約」によれば、「調印から十八ヵ月経過後には、アメリカ政府は、何時なりとも、下田に居住する領事または代理人を任命できる」と記されてあり、アメリカ政府は、この文面に基づき、ハリスを日本に派遣したのである。一方、公文書の解釈に食い違いがあり、幕府側は、任命は「日米両国の協議が前提」と解釈していた。そのため幕府側は、「下田奉行所であしらって、ハリスを本国へ送り返せ」と命令を下した。その結果、ハリスと下田奉行との面談はらちがあかず、最終的には、翌年（一八五七年）の一一月にハリスが江戸まで赴き、「通商条約交渉」を始めることになるのである。

時の老中であった堀田正睦は、ハリスの要求にどう対処すべきかについて会議を持った。堀田の脳裏に浮かんだのはイギリスのジョン・ボーリングの「清国が片づき次第、次に我々は日本に向かい、武力に訴えてでも日本に通商条約を結ばせる」という言葉であった。当時の日本やアジアを巡る国際情勢の変化を読み取っていた堀田は、ハリスの通商条約交渉の要求をむげに拒否することはできないことを熟知していた。一八五六年頃、イギリスとフランスの連合軍が、アヘン戦争で破った中国の清に対し、再度武力侵攻する動きを見せていた。それらヨーロッパ列強国に反し、アメリカは当時、日本に対しては友好的であった。ただし、日本国内では、簡単に通商条約締結を許す状況ではなかった。外国船の打ち払いを主張する攘夷派の力が勝っていたのである。言い換えれば、当時の日本は、ハリスとの交渉を推し進めれば内乱に発展しかねない状況下に置かれていた。

ハリスと江戸幕府との交渉

ハリスが通商条約の交渉のため、江戸に向かったのは来日してから一年後の一八五七年の一一月であった。長い足止めであった。一一月二三日の日記では、「江戸に出発する。《中略》旅の重大な意義を考え、江戸に上ろうとする私の努力が成功をおさめたことを思うとき、実にあふれるような生気をおぼえた」と記録されている。ハリスは伊豆の天城越えの後に、東海道に出て、そこから箱根、小田原、神奈川、川崎を経て品川に同日に到着したのである。大勢の群衆が迎え、警吏（けいり）が規制したという。江戸入りを渋っていた幕府が、入府を許した理由は、同年九月にアメリカの砲艦ポーツマス号が下田に入港したからである。ハリスが黒船のペリー提督のごとく「ポーツマス号」に乗り込み、交渉を迫ってくることを恐れた幕府は、通商条約交渉の開始を決断したのであった。

幕府との交渉は始まったが、遅々として進まない。幕府は、「出府のアメリカ使節接待委員」に高官八名を指名した。将軍家定に謁見を許されるが、その後の中身は乏しい意見の交換ばかりでハリスは当惑した。ハリスは「世界の情勢にかんがみて、日本の外国との通商はもはや避けられない。問題は、いついかなる形でそれを行うかである」と記している（『ハリス日記』）。

堀田も、ハリスの強硬な態度に、これ以上日本側も引き伸ばしは難しいと判断した。堀田は、攘夷派の反対を押し切って、ハリスを江戸城に迎えることを決定した。

ハリス演説が交渉開始につながる

一八五七年一〇月二一日、ハリスは江戸城に迎えられ、一三代将軍である徳川家定に謁見し、大統領親書を手渡した。

一〇月二六日に、堀田はハリスを自分の屋敷に招き予備交渉を開始する。堀田の屋敷には、堀田以下一〇名の官僚が控えていた。

ハリスはまず、「世界は今、激動期であり情勢は変化している」こと、「諸外国との交易は、もはや動かしがたき事実であり、日本が好むと好まざるとにかかわらず、鎖国政策を放棄せざると得ないことは明白な事実である」ことを強調した。

ハリスは、幕府の閣僚を相手に三つの重要点を強調して演説を行った。第一が、「私の使命は、あらゆる点で、友好的なものである。私は一切の威嚇を用いない。アメリカ大統領は、日本が繁栄し、強力で、豊かさに満ちた国になる方法を私に説いていること」である。第二として「自分は軍艦に乗らず、単身、江戸に来たこと」。第三に「日本にはアヘンを持ち込まないこと」の三点であった。

一八四〇年、イギリスはアヘンを清に持ち込み、貿易をめぐって戦争が勃発し、その結果、清は惨敗した。言い換えれば、鎖国の扉がこじ開けられたのである。ハリスは、そのことも日本が開国を渋る理由であることを承知していた。開国を逡巡して、日本側が交渉開始を引き延ばしていた最中のことである。

ハリスは、「イギリスは武力を使用し大量のアヘンを清国に持ち込み暴利をむさぼっており、このため清国の経済は大打撃を受けた。しかもイギリスは、日本にもアヘンを売りたがっており、アメリカ大統領はそのことを心配している」。さらに「イギリスとフランスは、清国との戦争が終結次第、大艦隊を日本に派遣させ、武力で通商を迫ると公言している。よって日本には猶予はない」。が、「アメリカは、武力を使用して他国の領土を獲得することを禁じている国である。イギリスとフランスが武力介入する前に、アメリカと通商条約を締結することは、日本にとっても最上の利益をもたらすことは間違いない」と力説した。海外事情に精通していた堀田は、ハリスの演説を鵜呑みにすることは危険であることは百も承知であった。ただし、事の重要さを痛感した堀田は、すぐに勘定奉行達に命じてハリスの提案事項と内容を徹底的に検証させ「上申書」を作成させるのである。

幕府側は上申書を基に対米交渉を練る

一八五七年一一月一日、勘定奉行であった川路聖謨《としあきら》等はハリスの演説内容には十四の偽り箇所があることを「上申書」に記載し堀田に提出した。彼等は幕府側から手に入れた『海国図誌』などの資料を基にハリスの発言と矛盾する点を発見した。例えば、イギリスが武力でアヘンを清国に売り込み、暴利をむさぼっていると言うが、アメリカは千箱あまりのアヘンを、毎年船で清国に運んでおり、その規模はイギリスについで第二位である」などである。川路は堀田に対し「ハリスの甘い言葉は、西欧諸国の外交交渉術であるので、油断は禁物」であることも「上申書」に記載している。

緊迫下の「ハリス」対「サムライ」の交渉

堀田は「上申書」を受け取るや否や、ハリスとの条約交渉に対抗できる二名の日本側の全権代表を選抜した。下田奉行井上清直《きよなお》（四九歳）と目付の岩瀬忠震《ただなり》（四〇歳）の二人である。ところで、一一月二七日「ハリス暗殺計画」が発覚する。首謀者は逮捕されたが、幕府側の中にはアメリカとの条約締結に反対する意見が根強く、また、老中首座の堀田正睦に対する糾弾計画も噂となった。

そういった緊迫した状況の中でハリスと井上・岩瀬との交渉が始まったのが、一八五八年の一月二五日であった。その日、ハリスは「この日記には、特に主だったもののみを記述することとした。同一の主張を何十回も繰り返す日本人の際限なき議論は、省略することにする」と辟易した様子を記録にとどめている。

交渉が始まると一転し、連日のように協議が続き、二月九日までに交渉は一〇回を数えた。幕府は延々と続く議論の末、ついに開国の腹を決め、つめてある条約締結の交渉を余儀なくされた。

井上・岩瀬との交渉では、「江戸に公使が居住できること」、「役人の仲介抜きで貿易を認めること」などの項目が次々と合意された。ただし、次の二点においてハリスと岩瀬・井上は、激しく対立する。第一が「日本のどの港を開港するか?」であり、第二の争点が「日本国内をアメリカ商人が自由に旅行する権利を認めるか否か?」であった。

ハリス自身、そのことに関しては既に、一八五七年の一二月一〇日の日記の中で以下のように記録している。

I added that the three great points would be: 1st, the reception of foreign ministers to reside at Yedo; 2nd, the freedom of trade with the Japanese without the interference of Government officers; and 3rd,the opening of additional harbors（Cosenza, M. E. *The Complete Journal of Townsend Harris*,p.486,）

交渉項目の対立点

まず、第一の争点である「どの港を通商のために開港するのか」に関しては、ハリスは次の八港の開港を交渉要件とした。すなわち、「箱館」、「品川」、「大坂」、「長崎」、「九州」の炭鉱付近の一港、平戸、それに日本の「西岸の二港」であった。これら八港を要求したハリスに対し、幕府はハリス曰く、「陳腐な反対理由を繰り返した」。彼の日記にはその攻防戦について面白く描かれている（中沢義則『日記をのぞく』（日経、二〇〇六年七月六日）。これについての交渉は日米双方が一歩も譲ることもなく、一週間平行線をたどったままであった。

第六回目の交渉でも、第二の争点に関連するが、ハリスは依然、「京都の開港と商人の自由旅行を認めること」という条件を日本側に強く要求する。

そこで、岩瀬がすかさず以下のように反論する。「皇帝のいる京都を開港すれば、必ず反乱が起きる。友好を重んじるアメリカ大統領は、日本に無秩序と流血をもたらすような要求を望まないのではないか」と治安の面からもハリスを説得する。

しかし、ハリスは、自らの主張を曲げない。そこで、井上が「もし、この二つの条件を理由に、アメリカ側が日本と戦争をしようというならば、我々は最大の努力をもってこれに応じる覚悟である。内乱は戦争よりも恐ろしい」と打って出た。しかし、日米双方、譲ることなくその日の協議は終了する。

最後にハリスは、「ここが条約の成否の分岐点である。一歩誤れば今までの苦労は水の泡になる。」との言葉を残し退席する。

日本側もジレンマに陥っていた。例えば、ハリスの交渉条件を呑めば、攘夷派が内乱を起こすことが明確であり、ハリスに強硬な態度で臨み交渉が決裂した場合には、アメリカとの戦争になりかねないというジレンマである。

翌朝の一二月二〇日、交渉の突破口を探るため、井上はハリスの宿舎を訪問し「個人面談をする」（have some private conversation）という戦術をとった。

井上曰く、「ハリスさん、あなたがあくまで京都を開くことと商人の旅行の自由権を要求するのであれば、条約は「無」に帰するでしょう。我々日本側も、ずいぶん譲歩してきました。無価値なものにこだわって全体を失うより、これまで獲得してきたものを確保する方が賢明ではありませんか。二つの問題は、いずれ人心の折り合いさえつけば、解決されるはずです」（前掲書 Cosenza、『その時歴史が動いた』）井上の個別提案で、ついにハリスから譲歩を引き出すことに成功する。

ハリスは同意し、「ミスター井上。分かりました。この二つの問題（争点）については、あなたの希望に応じる努力をしてみましょう」という言葉で一見落着となる。

八港の開港を求めるハリスに対して幕府側は、「日本は狭い小国なので、三港以上は開港しないことに決定した」と一月二五日の日記に記述している。その時点で、箱館と下田、それに長崎を開いていたわけだが、日本側は下田を閉め、横浜や神奈川を開く用意があることをハリスに伝えた。ハリスは翌日になって「西海岸（日本海）の距離は四〇〇里に及んでいるにもかかわらず、一港も開かれていない」と反論した。一月二七日になって、日本海側の候補として「新潟港」が取り上げられた。ハリスは文句をつけながらも新潟港も承認した。また、幕府側が気を緩めた隙を突き、江戸などの開市を要求した。最終的には、「神奈川」、「長崎」、「箱館」、「兵庫」それに「新潟」の開港と「江戸」と「大坂」の開市で合意した。ハリスは「粘りの交渉」でこれらの交渉要件を勝ち得たのである。ただし、一八五九年七月一日に一斉開港との要求は認められなかった。攘夷論で世情が騒然とした中、幕府の高官たちの粘りも賞賛されてよい。

ただし、ハリスも、一度約束して決めたことは、必ずそのまま実行するという「直情径行」な性格であった。それが、日本に来てからは何度も裏切られてきたので、幕府側の交渉のやり方に疑い深くなっていった。条約の三条には「其居留場の周囲に、門しょうを設けず、出入自在にすべし」とある。これは、長崎の出島で長い間、オランダ人を閉じ込めてきた幕府の外国人隔離政策を打破するために設けた条例であったが、ハリスは幕府が横浜に出島同様なものを築いて、外国人の自由を束縛するのではないかという疑念を持つことになる。条約の文面からすれば、ハリスの方が「正論」である。しかし、幕府側としても意地があった。外国人の生命を保証するために横浜を押し立てようと試みたわけであるが、ハリスは頑としてこの交渉条件を受け入れなかった。

幕府側とハリス側の双方が「条約違反だ」「違反ではない」という水掛け論になり、結論は出ないままであった。ハリスは、すかさず「それなら、開港後に各国人が渡米した上で決めよう」と言って交渉を中断させ、一旦下田を引揚げ、本国からの船便を待って長崎まで向かい、ついでに香港方面の旅に出発する。幕府側は、ハリスの留守中に既成事実を作ろうと、昼夜、山を開き、草を刈り、沼を埋め、畑をならし建物を造った。また、波止場や住宅、蔵などの築港工事を急がせた。そして、その年の五月にハリスが日本に戻ってきた時には、横浜は寂りょうな一寒村から一朝にして、将来の繁栄を約束する港町に一変していたのである。

TOWNSEND HARRIS IN 1847

From a Bronze Tablet by Albert P. D'Andrea, of the Art Department of the Townsend Harris Hall High School—the Preparatory High School of The College of the City of New York. It is a gift presented by the Class of January, 1924, of the High School, and was unveiled on Charter Day, May 20, 1925, by H. I. M.'s Ambassador, His Excellency Tsuneo Matsudaira.

ハリス

香港から戻ったハリスは、下田の総領事館を閉鎖し、神奈川に来航した。同伴の神奈川領事のドールを本覚寺に住まわせ、自分は麻布の善福寺を仮の公使館とし、今度は老中相手に、諸外国の代表を語らって、横浜問題に食い下がった。幕府側は、これに対して諒解工作を続けるとともに横浜港の建設をすすめた。が、ハリスはその後も自分の主張を曲げなかったため、帰国するまで横浜の土を一度も踏まぬまま、持ち前の「直情径行」を押しとおした。これはハリスの性格の一面を如実に物語る交渉態度であった（『ハリス』）。

一八五八年二月五日、老中首座堀田正睦は、全権・岩瀬忠震とともに、通商条約調印について、天皇の許可を得るため京都を訪問する。しかし、孝明天皇はこれを拒否する。江戸に戻ると、さらに思わぬ事態が起こっていた。堀田が天皇から勅許を取れなかったことが理由で失脚することになる。堀田に代わって井伊直弼が大老に就任し幕府の最高権力者となる。そのため、通商条約は暗礁に乗り上げることになる。また、こともあろうに今度は幕府側に「イギリスとフランスが清国を制圧し、四〇隻の大連合艦隊を率いて、日本に向かう」という衝撃的な情報が届く。このニュースに驚いたのがハリスである。イギリスとフランスに先を越されたくないハリスは、六月一四日に幕府側に使者を送り、一刻も早く「条約締結」を決断するよう迫った。ハリスは三日後の六月一七日にポーハタン号で下田を出航し急遽、江戸湾に向かった。しかし、井伊は、調印はまだできないことを、井上と岩瀬を呼びハリスに伝えた。翌日の六月一八日に、井上・岩瀬はポーハタン号上でハリスと面会し、「天皇の許可が出ないうちは、条約調印は不可能である」という井伊の意向を伝えた。しかし、ハリスは「イギリスとフランスの武力侵攻がもたらす日本の不幸を回避するためには、合意した条約をまずアメリカと結び、諸外国をもこれにならわせることが賢明であること。加えて万が一、不当な要求をする国があれば、アメリカが必ずや調停し、それらの国々の野望を阻止する構えである」と力説する。

一八五八年六月一九日の朝、全権井上と岩瀬は大老井伊と面会し、アメリカとの条約調印を進言する。しかし、井伊の回答は、あくまで「朝廷からの許可を得るまで、調印を引き延ばすこと」であった。そこで、井上と岩瀬が井伊に対し、次の最後の切り札で迫った。「アメリカは、イギリスとフランスの軍事的侵攻をはばみ、調停すると約束した。

この機を逃せば、アメリカは日本を見放すことは明確であり、今こそ日本の存亡を決する時である。大老のご決断を！」と。

しばしの沈黙が続いた後、井伊の口から発せられた言葉が「是非もなし」であった。安政五年六月一九日、（一八五八年七月二九日）午後三時、神奈川沖に停泊中のアメリカ軍艦ポーハタン号の船内で、日本全権の岩瀬忠震、井上清直とアメリカ側の全権代表タウンセント・ハリスの間で「日米修好通商条約」が締結され、二一発の祝砲が「平和外交の勝利」を象徴するかのように江戸湾にとどろいた。ポーハタン号船上に掲げられた日米両国の国旗の下で、ハリスと岩瀬・井上との間に堅い握手がかわされた。

その後、オランダ、ロシア、イギリス、フランスがアメリカに続き、通商条約に調印することになる。これが「安政五ヵ国条約」と呼ばれるものであり、神奈川、長崎、新潟、兵庫の開港と開港場の外国人居留の許可など十四条から成りたつ。関税権はなく、治外法権を与えるなどという不平等の側面も残っていた。

条約締結後と日米修好通商条約の評価

条約締結後、大老の井伊直弼は、朝廷の勅許を待たずに日米修好通商条約に調印をし、反対派を弾圧した理由で、一八六〇年、桜田門外で暗殺される。また、岩瀬忠震も朝廷の許しを得ずに条約を締結したという理由で、左遷され一八七一年に七月、失意のうちに病死する。一方、井上清直は条約締結後、江戸奉行を命じられたが、過労のため一八六七年に五九歳で死去する。

他方、ハリスは一八六二年五月八日に帰国。その間、四年近くハリスはアメリカの初代駐日公使として江戸に滞在し、イギリス、フランス、ロシア、それにプロシア、オランダが日本と締結した友好通商条約を支援した。なお「ハリス日記」は、六月九日に終わっているので、六月九日以後のことの感慨は定かではない。ちなみに、ハリスが望んでいた日米修好通商条約の締結日は、九月八日であった。本人の六月九日付「日記」の最後は、「,so the treaty is to be signed on the fourth of September, 1858.」で完結されている。

ところで、離日の直前、将軍家茂はアメリカ大統領リンカーン宛に、ハリスの功績に感謝する旨の書簡を送ったと記録されている。帰国後ハリスは、公職を退き、静かな余生をニューヨークで送った。生活も質素であったという。七四歳で世を去ったが、彼が残した功績は大きい。

最後に言えることは、「日米修好通商条約交渉」は、アメリカ側の全権代表のタウンセント・ハリスの強気の交渉術によって一方的に押し付けられた不平等条約というイメージを持つ人が多いが、老中首座・堀田正睦が任命した日本全権・岩瀬忠震と井上清直は、日本の国益を考えハリス全権と互角の交渉を展開した。岩瀬は、この通商条約を締結したことで不測の事態が起き、徳川家の江戸幕府が滅んでも、日本の将来の方が重要であると説いた。これは言い換えれば、ハーバード流交渉術で唱える「原則立脚型交渉術」（自分や所属部署の立場より、国や会社など組織全体にとっての最大の関心事や利益を考えよという交渉法）と呼ばれるものに近い。したがって、日米修好通商条約（また「安政の五ヵ国条約」）には、堀田正睦、井上清直、岩瀬忠震、それに井伊直弼らが命がけで行った交渉を通して勝ち取った条項が、深く刻み込まれているのである。

条約締結から一〇年後の一八六八年に、日本は国際社会の一員として年号を「明治」と改め近代国家の仲間入りを果たすことになるのである。

あとがき

本書を書き終えてみて感じることは、徳川時代末期までの日本は世界を突き動かしてゆくパワーを何も知らず、極めてこじんまりとまとまった「島国」から世界をぼんやり眺めながら、生きている人々が多かったということだ。江戸期を通して、外国からの情報は、長崎の出島を経由して幕府側に伝えられ、幕府が海外情報を一元管理していた。江戸の鎖国時代の三〇〇年間近く、外国との異文化交流がなくなり、日本人は「海」を日本の沿岸に限定されたコンセプトで認識していた。そして、平穏すぎた日本に西欧列強が接近するようになった。

西欧列強は、『国力』をパワー・ポリティックス（力の政治）と規定し、大航海時代からは日本やアジアを地政学的に捉え接近しようと試みた。西欧の国家戦略家達は、日本を「黄金の国」と呼んだマルコ・ポーロの『東方見聞録』やモロッコ出身のイスラム教徒イバン・バットゥータの旅行記や、またクリストファ・コロンブスも愛読した『マンデヴィルの旅』などの航海記を通して未知の国の実態や周辺の情報を得ようとした。

一九世紀中頃までの国際政治は、「列強」・「植民地」・「条約による敗戦国」という三つのシステムから成り立っていた。一八五三年、「黒船」ペリーが対日交渉のため来航した時に、人々がはじめて眼のあたりにした「列強」の力は、あまりにも巨大でしかもインパクトが強すぎたため、人々は動揺し日本中がパニック状態となる。しかし、翌年に批准された「日米和親条約」は、戦争を伴わず「交渉」によって締結された。この「条約」の締結により、世界は「列強」・「植民地」・「条約による敗戦国」プラス「条約交渉国」という四つの国際政治システムへと移行することになる。

その後、日本は明治と年号を改め、国際社会の一員となり「近代化」を押し進めることになる。明治時代には、江戸時代に欧米列強から押しつけられた不平等条約の改善に全力を尽くすことになる。と同時にかつての欧米列強に対抗意識を持つようになる。日露戦争の講和条約は、アメリカ大統領セオドー・ルーズベルトのミディエーション（調整・斡旋）によって、ニューハンプシャー州のポーツマスでなされる。大正デモクラシーを経験はしたが、昭和時代、日本はデモクラシーの道ではなく、軍国主義という道を歩み、第二次世界大戦へとつき進む。この間も国民は、海外の情報を的確に伝えられず、苦難の道へと引き込まれていった。現在の日本は、日本を取り巻く国々の情報を的確に伝えているであろうか。振り返ってみると、この二〇〇年近くの間に日本が世界の中で経済大国になったこと事態、不思議なくらいである。

日本は、疑いもなく「海洋国家」である。日本の主権的権利である排他的経済水域（ＥＥＺ）は、北は北方領土から南は沖ノ鳥島、東は南鳥島まで、計四四七万キロであり、これは「世界で六番目の広さ」である。しかし、この国境の広さについて知っている日本の人は少ない。歴史上、日本においては国土を取り巻く「海」に対する政策が欠如していることも問題のようだ。山田吉彦は「世界は、新しい海洋秩序の時代を迎えており、アジアの国々においても、その流れは顕著である。特に海の治安維持を行うのは、軍事力ではなく、国際法に基づいた海上警察力であるというのがアジアの潮流である〈中略〉日本には、統一した海洋政策がない」という。そこで、海洋に関する政府機関を設ける必要があるようだ。現在、さみだれ的に行われている海洋問題に対する施策を整備統合し、日本を取り巻く海の情報を国民に提供し、日中、日韓、日露関係において国民が誤解しないようにしなければならないようだ。（『日本の国境』新潮社、二〇〇五年)。

歴史的に国民の目を「海」に向けさせてこなかった日本。真の海洋国家になるためには、われわれは、海とそれに異文化にも目を向けなければならないであろう。日本は国際的視野を持ち、世界の安全保障の観点から、海の国際秩序と海洋政策(海洋資源問題やテロリズム規制などの政策)について、問題解決型「交渉」(Negotiation)を通して対応すべきである。

我々が見逃してはならない点は、歴史的に、これまで西へ西へと移動したヨーロッパの目が二一世紀なって、再び一回りして東アジア地域に移ろうとしていることである。また、日本の役割も再度問われている。

歴史学者エドウィン・O・ライシャワーは、「戦後の日本は、逃げも隠れもできないほど大きな存在になってきた。安定かつ強力な国際通貨制度は、今日に日本にとっては生存のためには必須条件である。国際通貨が健全さを保つ上に欠かせないのが世界平和である。」と強調する。日本は今、歴史の転換期にある。慎重かつ大胆に航海を進めることで荒波を乗り越えなければならないことも明確な事実である。

本書の出版に至るまでには、ゆまに書房の関係者各位、ならびに前任の故奥寺純子さんには大変お世話になった。厚く御礼申し上げたい。このささやかな一書が、多文化を理解し交流する能力を高め、また交渉学や多文化コミュニケーション、異文化・国際理解教育に興味や関心を寄せる人々の参考資料の一部となれば幸いである。

関連年表

一四八五年　明国の瓦観が松前に流入。
一四九二年　コロンブス、アメリカ大陸を発見。
一五三八年　メルカトール、「世界図」でアメリカ大陸とユーラシア大陸の間に日本を描く。
一五四三年　種子島にポルトガル人が漂着し、鉄砲を伝える。ヨーロッパ人の来航が始まる。
一五四九年　フランシスコ・ザビエルによるキリスト教の伝来。
一五五一年　アイヌの人々と松前藩との間で交易協定。
一五八七年　豊臣秀吉、宣教師を国外へ追放。
一五九二年　秀吉、朝鮮に出兵する。
一五九九年　松前慶広、徳川家康に「蝦夷の図」を献上。
一六〇〇年　イギリス東インド会社設立。関ヶ原の戦い。
一六〇二年　オランダ東インド会社設立。
一六〇三年　江戸幕府開府。
一六一六年　ヨーロッパ船の入港を長崎・平戸に限定。
一六二四年　スペイン船の来航禁止。

一六三三年　徳川家光の鎖国令（これ以後、松前藩は蝦夷地と和人の名称を使用）。
一六三五年　日本人の海外渡航・帰国禁止。
一六三七〜八年　天草・島原一揆。
一六三九年　ポルトガル船の来航禁止。鎖国令。
一六四〇年　ポルトガル、スペインより独立。
一六四一年　オランダ商館を平戸から長崎出島に移す。
一六四二年　イギリスで清教徒革命が起きる。
一六四三年　フリーズ、日本北辺探検を行い「蝦夷地図」を作成。
一六六一年　フランスでルイ十四世の絶対王政始まる。
一六八二〜　ピョートル一世即位（一七二五年まで在位）。
一六八三年　ケンペル、大旅行に出発。
一六九〇〜二年　ケンペル日本滞在。
一六九七年　アトラーソフ、カムチャッカ半島に遠征。
一七一二年　ケンペルの『廻国奇観』出版。
一七二七年　ケンペルの『日本誌』がオランダ語・フランス語で出版される。
一七二八年　デンマーク人ベーリング、ベーリング海峡を発見。
一七三八年　ロシアのシュパンベルグ探検隊、ウルップ島と千島列島を測量。翌年、現在の仙台湾と房総半島に到達。

一七六二年　ロシアのエカテリーナ二世即位。

一七六九年　ジェームス・ワット、蒸気機関車改良。

一七七〇年　フランス東インド会社解散。

一七七六年　アメリカ独立宣言。

一七七八年　ジェームズ・クック、米国北西部とベーリング海峡を調査。

一七七八～九年　ロシアのシャバリン探検隊、根室・厚岸に来航。松前藩に交易を迫る。

一七八七年　フランスのラ・ペルーズが宗谷（ラ・ペルーズ）海峡を通過し、サハリン南部を発見。

一七八八年　イギリス、オーストラリアを植民地化する。

一七九〇年　山丹（サンタン）交易の場所が白主に移る。

一七九一年　大黒屋光太夫、ロシアのエカテリーナ二世と謁見。

同　　年　ジョン・ケンドリック船長率いるボストン船籍レディ・ワシントン号、ジェームス・ダグラス船長のニューヨーク船籍副船グレイス号とともに、五月、紀伊半島大島にアメリカ国旗を掲げ入港。ケンドリックは毛皮類を、ダグラスは、白檀を積んでいた。日米関係の夜明け。

一七九二年　ロシアのラクスマン、根室に来航。翌年、松前へ行き、松前藩を通して幕府に交易を求める。

一七九六～七年　イギリスのブロートン、室蘭に来航し、北海道南部と南千島を調査・測量。翌年、再度室蘭に寄港し、北海道の西部とタタール海峡を調査・測量。

一七九七年　アメリカのスチューアート船長のニューヨーク船籍エリザ号、オランダのチャーター船として長崎に入港。取引商品として綿布を積んでいたが、出直して来るよう勧告される。

一七九九年　ロシアの露米会社がアラスカに設立される。

同　　年　オランダ東インド会社解散。

一八〇三年　アメリカの星条旗を翻したスチュアート船長率いるナガサキ丸、八月、長崎に入港。元の船名はネプチューン号であったが、ペンキで塗りつぶされていた。船長は「皇帝」への献上品としてラクダ、水牛、ロバなどを持ってきており、アメリカ商館の設置許可を上奏している。日本側の返答は、順風が吹き次第出航せよ、であった。また、ジェームス・ディール船長のボルチモア船籍レベッカ号がオランダのチャーター船として長崎に入港。

一八〇四〜五年　ロシア使節のレザノフ、長崎に入港。翌年、日本との交易樹立を幕府に申請するが拒否される。稚内やサハリンを視察し、日本の漁場を調査後、帰国。レザノフは後に露米会社と関わり対日政策を模索する。

一八〇五年　ロシアのエストニア生れのクルーゼンシュテルン（五年後に『世界周航記』を刊行）、北海道の西部とサハリン東部を調査・測量し、サハリンを半島と位置づける。

一八〇六〜七年　レザノフ、サハリン南部、択捉（エトロフ）の日本人施設を攻撃する。

一八〇八年　間宮林蔵と松田伝十郎、サハリンを調査し「カラフト島大機地図」を作成。林蔵は後年、山丹交易の中心地である満州仮府のデレンまで赴き調査する。

一八〇九年　山丹交易に幕府が介入。
一八二五年　異国船打払令。
一八三七年　モリソン号事件（通商を求めて日本に来航したアメリカ船モリソン号が浦賀沖で発砲・攻撃された事件）。
一八四〇年　ロシアが日本人を択捉島へ送る。
一八四六年　ワイマン船長のコロンブス号とハイラム・ボールディング提督率いるヴィンセント号、アメリカ海軍東インド艦隊司令官ジェームス・ビッドルを連れて、ジャクソン米国大統領の親書を携えて浦賀に来航。国交を樹立しようというアメリカ側の試みは拒絶される。
一八四九年　グリン海軍中佐率いるプレブル号、ラコダ号船員の釈放を求めるアメリカ合衆国政府の命令を受けて四月十七日に長崎に入港。プレブル号は十三人の水夫とラナルド・マクドナルド（一八四八年の四月二十六日に利尻島近くで下船した日本初の英語教師）を乗せて、四月二十六日に長崎を出港。
一八五一年　ジョン万次郎、アメリカから帰国。
一八五三年　ペリー（ペルリ）提督、旗艦サスケハナ号、プリモス号、ミシシッピー号、サラトガ号を率いて、琉球を経て浦賀に来航し、大統領の国書提出。日米間の条約交渉のプレリュード。ペリーは翌年の再来を約す。ロシアのプチャーチン提督も来航。
一八五四年　ペリー提督、旗艦サスケハナ号、ミシシッピー号、ポウハタン号（以上汽艦）、ヴァンダリア号、サザンプトン号、レキシントン号など七隻を率いて浦賀再訪。日米和親条約調印。琉球条約も締結。

一八五五年　日露和親条約締結。

一八五八年　七月、ハリス米国総領事と幕府側の間で日米修好通商条約調印。イギリス東インド会社解散。

一八五九年　ジョセフ・ヒコ（濱田彦蔵）、アメリカから帰国。

一八六六年　イギリスのチャールズ・ディケンズが「百人一首」を英訳。

一八六七年　王政復古の大号令。

一八六八年　明治と改元される。

一八七五年　日露間で千島・樺太交換条約締結。

一八七八年　イギリスのイザベラ・バードの日本探検旅行。

一九〇五年　日露戦争終結のための和平交渉が行われ、ポーツマス講和条約が締結（アメリカ・ニューハンプシャー州）。

参考文献

【序　章】

Blaker, Michael. (1975) *Japan's International Negotiating Behavior*, New York: Columbia Univ. Press.

入江昭『日本の外交』(二〇〇〇)中央公論。

Nye, Joseph. S. Jr. (1990) *Bound To Lead*, New York : Basic Books.

Reischauer, Edwin. O. (1974) *Japan's World Role in 1970s*, Speech at Lewis & Clark College, Portland, Oregon.

セン、アマルティア(二〇〇六)『人間の安全保障』集英社。

高谷好一(一九九三)『新世界秩序を求めて』中央新書。

ヴォーゲル、スティーブン(岡部曜子訳)(一九九七)『規制大国日本のジレンマ』東洋経済社。

ウォーラスティン、イマニエル(一九九四年)『リベラリズムの苦悶イマニエル・ウォーラスティンが語る混沌の未来』京都精華大学編。

ズナメンスキー、S.(秋月俊幸訳)(一九七九)『ロシア人の日本発見』北大図書刊行会。

【第一章】

ベイリー、ボダルトB.M.(中直人訳)(一九九四年)『ケンペルと徳川綱吉』中公新書。

"Preliminary Report on the manuscript of Engelbert Kaempfer in the British Library"（1989）" in British Library occasional papers 11:London.
Kampffer, Engelbert（1727）*The History of Japan*, Tokyo: Yushodo Booksellers Ltd.1977.
クライナー、ヨーゼフ編（一九九六）『ケンペルのみた日本』日本放送協会。
Scheuchzer, J.G.（1977）*The History of Japan*, Yushudo, Tokyo.
片桐一男（二〇〇六）『未刊蘭学資料の書誌的研究Ⅱ』ゆまに書房。

【第二章】


ベイトソン、グレゴリー（一九八六）『精神の生態学上・下』思索社。

Burke,Kenneth.（1989）*On Symbols and Society*, The Univ. of Chicago.

平岡雅英（一九四四）『日露交渉史話』筑摩書房。

北海道開拓記館（一九九六）『山丹交易と蝦夷錦』。

北海道新聞社（一九九一）『蝦夷錦の来た道』。

北海道新聞社（一九八一）『北海道百科事典上』。

北海道新聞社（一九八一）『北海道百科事典下』。

加藤淳平（一九九六）『文化の戦略』中公新書。

Keene, Donald.（1969）*The Japanese Discovery of Europe,1720-1830* Stanford:Stanford Univ. ,p.144.

小谷凱宣（一九九二）「北方民族と毛皮」（岡田宏明・淳子編『北の人類学』）。

小林真人（一九九六）「松前藩と山丹交易」（北海道開拓記念館編『山丹交易と蝦夷錦』。

御手洗昭治（一九九七）「黒船ペリーと琉球条約――異文化交流史の視点から」（ＳＩＥＴＡＲ、ＪＡＰＡＮ編『異文化コミュニケーション』創刊号）。

佐々木史郎（一九九一）「北のシルクロード」（『Nextstage』一九九一年一月号、住友商事。

佐々木史郎（一九九六）『北方から来た交易民』ＮＨＫブックス。

シュレンク、Ｌ．（一八九九）『アムール地方の異民族達』サンクト・ペテルブルグ。

矢島睿（一九九六）「中国清朝の黒龍江地方の経営」（『山丹交易と蝦夷錦』北海道開拓記念館）。

財団法人北海道医療互助会（一九九五）『山丹交易――蝦夷錦をもたらした北方交易の道』。

「北海道：オホーツク文化への情熱」（読売新聞 一九九八・一〇・一）。

「守りたい少数民族文化」（読売新聞一九九八・一〇・九）。


【第三章】

ライシャワー、エドウィン・Ｏ．　（一）「ライシャワー教授とのインタビュー」、ボストン郊外ベルモント・マサチューセッツのライシャワー邸にて（一九八九年八月二八日）、（二）『ライシャワーと北海道』（特別番組、一九八九年一〇月一日放映）テレビ北海道テレビ（ＴＶＨ）開局記念特別番組）北海道トマム・アルファ・リゾートホテルにて（一九八九年九月一九日）(3)「日本交渉学会名誉会長就任演説記録資料」（一九八九年九月二一日）。

Reischauer, E. O. & Craig, Albert M.（1986）*Japan: Tradition and Transformation*, Charles, Tuttle, p.117.

Denett, Tyler.（1922）*Americans In Eastern Asia*, The Macmillan Co., p.32.

朝日新聞（昭和二八年八月二日）。

堀内信編（一八九八、明治三一年一二月）『南紀徳川史』（串本町史編さん室長の山出泰助氏には記録書等に関して大変お世話になった）。

日米修交記念館「寛政三年レディ・ワシントン号史料」。

加藤祐三（一九八八）『黒船異変』岩波新書、二二四―二二五頁。

The Oregon Journal Newspaper（April 19, 1975）.

Howay,F.W.（1922）*John Kendrick And His Sons*, Oregon Historical Quarterly, Vol. XXIII, p.286.

Madison Papers ,N. Y. Public Library（グレイソンがマデイソンにあてた手紙 Vol.14; W.Greyson to Madison, May 28,1785 が詳しい。）

入江昭「入江昭教授提供統計表」：*Foreign Policy of the Early Republic 1809-1817*（ハーバード大学講義資料）。

プラマー、キャサリン、酒井正子訳（一九八九）『最初にアメリカを見た日本人』ＮＨＫ出版、三八頁。

Morrison, Samuel E.（1921）*Maritime History of Massachusetts*, Boston, Houghton, Mifflin Co., pp.41-42 & pp.45-47.

Haway, F. W.（1990）*Voyages of Columbia*, Oregon Historical Society in cooperation with MA Hist. Sct., p.vi.

Drummey, Peter: Interview at Massachusetts Historical Society August 26, 1992 in Boston.

Dunham, Benjamin S. *Memorandum on Captain Kendrick and Robert Gray*, delivered to the author on Nov.3,1992

& *Capt.Kendrick and the Birth of A Nation 1789-1987*（Vol.VI., Cope Cod Independence Co.Inc.Indian Summer 1987,p.6）.

Hoskin's Narrative of the Second Voyage of the Columbia

Bentley,Anne E. *The Columbia-Washington Medal*（Proceedings of the Massachusetts Historical Society,p.124 & p.121）.

私掠船のprivatterの個所はSprout,M. & H. *The Rise of American Naval Power*（Princeton: Princeton Univ. Pr.,1939,p.10）参照。

Carey, Charles H.（1971）*General History of Oregon,* Portland, Oregon: Binfords & Mort Pub., ,pp.64–68& p.86.

Elliot, T.C. *Captain Robert Grey's First Visit to Oregon*（The Oregon Historical Quarterly V.XXIX, June 1928,No.2,pp.162–163）; Hoswell's *Log of A Voyage Round World On The Ship Columbia Rediviva* And *The Sloop Washington*（*The Oregon Historical Society's Material attatched to the T.C. Elliot's Paper,165–188*）& Howay, F.W*John Kendrick And His Sons*（The Quarterly of The Oregon Historical Society, Vol.XXIII, December 1922, No.4.pp,277–302）; Winther, Oscar Osburn.（1969）*The Old Oregon Country,* Lincoln: Univ. of Nebraska, ,pp.1–23.

Gildemeister, Steber.（1985）*Where Rolls The Oregon,* Bear Wallow Pub. Co. pp.5-21 on the Creation of the Oregon Country & on Sea Exploration pp.27–

Mitarai,Shoji.: A paper presented to a conference at Mount Angel, Feb.20,1974. *Oregon Tomorrow :Trends and Options.* The content was based on the project conducted in Central and Eastern Oregon in Feb.1974.

Benedict, Ruth.（1959）*Patterns of Culture,* Boston, Mass., Houghton Mifflin Co.

綾部恒雄（一九八四）『文化人類学15の理論』中公新書。

Cressman, L.S.（1981）: The Sandal *The Cave, The Indians of Oregon,* Corvallis, Ore.,Oregon State University,pp.23–25.

Wildes, Harry E.（1973）*Aliens In The East,* Wilmington, Delaware Scholarly Resources Inc.,p.5 & pp.102–103.

Dulles, Foster, R.（1965）*Yankees and Samurai,* N.Y. :Harper & Row,pp.4–5).

泉澄一（一九七六）『堺と博多』創元社。

佐山和夫（一九九一）『わが名はケンドリック』講談社。

林輝「外国通覧（通航一覧巻三百二十一）」（内閣文庫）。

Richards, Suzanne（Journal Staff Writer).（1975）*First U.S.-Japan Tie Commemorated,* Oregon Historical Society News Vol. xix No.2 April,1975.

堀内信編（一八九八）『南紀徳川史（巻十六）』南紀徳川史刊行会（明治三一年一二月：昭和五年）。

Sakamaki,Shunzo.（1939）*Japan and the United States,1790–1853,* Tokyo & London: The Asiatic Society of Japan, ,pp.4–5.

阪本天山『紀南遊嚢』高遠町図書館資料叢書（一九九六）。

中西理左衛門筆『万代記』和歌山県田辺市市立図書館刊。

Senate Document No.335（32nd Congress,1st session). This letter was probably written about June,1793.In

Howay,F.C.. *Voyages of the Columbia*（OHS in cooperation with MHS,1990,pp.154 & 156.
John C. Perry 教授とのインタビュー *Black Ship Diplomacy Versus the Fletcher Diplomacy*（Global Sapporo Spring Issue 1987,pp.28-31).（尚、J．C．ペリー教授はペリー提督の直系の子孫である。又、教授の構想は Great Northern Crescent（大北方三日月地）と呼ばれている。）

【第四章】

秋月俊幸（一九八七年）「北方探索と北方図」（『歴史と人物』一四巻七号七月）。
Broughton, William R.（1804）*A Voyage of Discovery to the North pacific Ocean*（London: Printed for T.Cadell & W. Davies in the Strand).
Brzezinski, Zbigniew.（1997）*The Grand Chessboard*（Leona P. Schecter Literary Agency).
ブレジンスキー、Z．（一九九八）『ブレジンスキーの世界はこう動く』（山岡洋一訳）日本経済新聞。久末・柏木（一九九二年）「蝦夷・千島・樺太の探検航海」（研究ノート）。
Hildreth, R.（1855）*Japan As It was and is,*（Boston, Phillips, Sampon & Company).
Hokkaido News Paper Press.（1981）*Encyclopedia of Hokkaido 2nd* Vol.,1981,p.885).
Keen, Donald.（1952）*The Japanese Discovery of Europe*, 1720-1830（Stanford Univ.Pr).
La Perouse, Jean Francois Galoup De.（1798-1999). *A Voyage Round the World in the Years 1785, 1786, 1787* & 1788 Volo.1 & II（N.Isreal/Amsterdam 1968).

Nye Jr. Joseph S.（1990）*Bound to Lead*（N.Y.: Basic Books）. ナイ、ジョセフJr. S.（一九九〇年）（久保伸太郎訳）『不滅の大国アメリカ』（読売新聞社）。

大橋与一（一九七〇年）「帝政ロシアのシベリア開発と東方進出過程」。

Stephan, John J.（1975）*The Kuril Islands: Russo-Japanese Frontier in the Pacific*（Oxford: Clarendon Pr.,p.35）.

Beaglehole, J.C.（1961）*The Journal of Captain James Cook on His Voyages of Discovery*, 1969 Camdridge : Cambridge UP for the Hakluyt Society, the final chapter.

Brougton,William R.（1804）*A Voyage of Discovery To the North Pacific*, London.

久末進一（一九九四）、「噴火湾エモト原住民の民族誌」『北海道を探る26』北海道みんぞく文化研究会、一五四－一八六頁（久末氏にはブロートン像の写真の件でお世話になった）。

北海道新聞、（一九九四年五月一〇日）『英探検船の航跡を追う』。

ズナメンスキー、S.（秋月俊幸訳）（一九七九）『ロシア人の日本発見』北海道大学図書館刊行。

Perry, John C.（1994）*Facing West*,Westport Conneticut & London: Praeger.

【第五章】

秋月俊幸（一九七九）「日露関係と領土意識」『共産主義と国際政治』第四巻、第二号七月九日）。

Blaker, Michael.（1977）*Japanese International Negotiating Style*,Columbia Univ.Pr.

Brzeziski, Zbigniew.（1977）*The Grand Chess Board*,N.Y.: Basic Books.

Chevigny,Hector.（1965）*Russian America:the Great Alaska Venture,1741–1867*,London: Cresett Pr..

藤野順（一九七〇）『日ソ外交事始め』、山手書房。

今村仁司（二〇〇二）『交易をする人間』、講談社。

川上淳（二〇〇六）『千島通史⑹18世紀の千島⑵』、根室市歴史と自然の資料館紀要二〇号三月、七－一一頁。

Keene, Donald. 1952 *The Japanese Discovery of Europe 1720–1830*, Stanford Univ. Press.

『研究社大英和辞典』（二〇〇〇）、研究社。

木村汎編（一九八五）『北方領土を考える』、北海道新聞社。

木村汎（二〇〇二）『遠い隣国』、世界思想社。

木崎良平（一九九二）『光太夫とラクスマン』、刀水書房。

木崎良平（一九九一）『漂流民とロシア』、中公新書。

郡山良光（一九八〇）『幕末日露関係史研究』、図書刊行会。

『広辞林』（一九七三）、三省堂。

長谷川毅（二〇〇二）『北方領土問題と日露関係』、筑摩書房。

平岡雅英（一九六四）『日露交渉史話』、築摩書房。

Hildreth, Richard.（1855）*Japan As It was And Is*, Phillips, Sampson & Company.

Lensen, G.A.（1955）*Russia's Japan Expedition 1852–1855*（Gainesville）.

Lensen, G.A.（1959）*Russian Push Toward Japan;Russo-Japanese Relations 1697–1875*,Princeton）.

レザノフ極秘文書、（1863）TNXNeHeb 1863,Y2,IPNII. CTP.pp.206-207.

真壁重忠（一九七八）『日露関係史』、吉川弘文館。

御手洗昭治（二〇〇〇）『黒船以前：アメリカの対日政策はそこから始まった！』、第一書房。

御手洗昭治（二〇〇〇）「異文化交渉研究の理論と動向の一考察：山丹交易と現代アムール河領土問題を中心に」、『Japan Negotiation Journal 11号』、Vol.10,No.1.

御手洗昭治「黒船以前の米国の対日・対中外交姿勢の考察」、『異文化コミュニケーション研究』、一九九六年九号。

Morgenthau, Hans J.（1963）*Politics Among Nations.*

西村三郎（二〇〇三）『毛皮と人間の歴史』、紀伊国屋書店。

The Random House College Dictionary（1975）,N.Y.Ramdon House,Inc.

酒井良一（一九八五）『北方領土：その歴史と将来展望』、教育社。

Tomlin, Kaye（1993）*Outpost Of An Empire,*Fort Ross I.A.Inc.

遠山淳「日本的コミュニケーションの原形」『異文化コミュニケーション研究』神田外語大異文化コミュニケーション研究所、一九九四年七号。

Sergei, J.（1928）. Ocherkipoistoriri Sibiri v XVII, Vekakh.B.B.Moskva.

Stephan,John J.（1974）*The Kuril Islands,*Oxford: Colarender Pr.

高野明（一九七一）『日本とロシア』、紀伊國屋。

和田春樹（一九九一）『日露国境交渉』、ＮＨＫブックス。

ズナメンスキー、S.（秋月俊幸訳）（一九七九）『ロシア人の日本発見』、北大図書刊行会。

山谷賢量（一九九九）「島めぐり厳しいサヤあて」『道新TODAY 11月号』、北海道新聞社。


【第六章】


新里金福『琉球王朝史』（朝文社、一九九三年、二四七－二五〇頁）。

Curtis, L.G.（Edt.）（1994）*Meeting the Challenge of Japan*（N.Y.: W.W. Norton. P.216）。

藤田忠『ペリーの対日交渉日誌』（日本能率協会マネジメントセンター、一九九四年）。

Hawks, F.L.（1856）*United States Japan Expedition*（Vol.1）（Senater Printer p.87 & As for compact, see pp.495-497）（Washington: Beverley Tucher）. p8-10）.

比嘉春潮「沖縄の歴史」『沖縄タイムス』三一七－三一九頁・三二四頁。ドビン長官からペリーへの訓示の英文は、Newman, W. L.（1965）*America encounters Japan*（MD. The Johns Hopkins University）参照。

濱屋雅雄『黒船と幕府』（高文堂、一九八七年、一八－一九頁）。

洞富雄『幕末維新の異文化交流』（有隣堂、一〇四頁）。

伊部英男『日米関係』（ミネルヴァ書房、一九九〇年、一一頁）。

加藤文三『日本近代歴史の発展（上）』（新日本出版社、一九九四年）。

加藤祐三『黒船前後の世界』（成美堂、六八－七〇頁）。

金井圓『ペリー遠征日記』（雄有松堂、一九八五年、二九三頁、四三五－四三八頁）。

Lansen, G.A.（1982）. *Russia's Japan Expedition of 1852 to 1855*（Greenwood Press,pp.129–130）.

ミアーズ、ヘレン『アメリカの鏡・日本』（アイネックス、一九九五年、二二二一―二二四頁）。

御手洗昭治『黒船以前：アメリカの対日政策はそこから始まった！』（第一書房、一九九四年、一〇一―一四一頁）。

加えて「ペリー来航を読む」『潮』（七月号、三六四―三六五頁）。

御手洗昭治『国際交渉とミディエーション：ペリーの対琉球交渉と白旗物語（1）』（札幌大学総合論叢：一九九六年、VOL．2、一〇―一五頁）。現代の交渉パターンに関しては、『新国際人論：トランス・カルチャル・ミディエーター時代への挑戦』（総合法令、一九九六年、二一九―二三〇頁）。

大江志乃夫『ペリー艦隊航海誌』（立風書房、一九九四年、第一章）。

ペリー、M・C．「ペリーから海軍長官宛上申書」（一八五三年六月二日）。

Reischauer, Edwin.O.（1970）. *Japan: The Story of a Nation*（N.Y.: Alfred A Knoph & an interview with Professor E.O.Reischauer on U.S. -Jpan Diplomatic History at the Reischauer Residence in Belmont,Mass.,August 28, 1989。

Sansom, George B.（1963）. *A History of Japan* 1615–1867（Stanford: Stanford Univ. Pr.p.234）.

田中彰「北と南の明治維新」『日本文化を考える』宮良高弘編（第一書房、一九九四年、九八―九九頁）。

高良倉吉「牧志朝忠」『沖縄近代史辞典：別巻』（沖縄県教育委員会編、一九七四年、九八―九九頁）。

照屋善彦「英宣教師ベッテルハイムの琉球観」『琉球王国評定文書』（第七巻、一九九一年、二五―二六頁）。

Wallach.S.（1952）. *Narrative of the Expedition of an American Squadron to the China Seas and Japan*（N.Y.: Coward=McCann, p.151 & As for the objectives,see pp.495–496）.

【第七章】

「米から文具安売りの黒船」日経、一九九六年九月九日。

「黒船ショック、江戸っ子を走らす」日本放送協会、一九八九年五月二六日。

クレイグ、アルバートM. "A Memorandum from Professor Albert M. Craig,a historian at Harvard, to the author dated October 13, 1993 & an Interview with Professor Craig at Yenchin Institute at Harvard on Oct.10,1992 and

御手洗昭治（一九九四）「黒船以前：アメリカの政策はそこから始まった！」第一書房、ii－iii。

御手洗昭治（一九九七）「黒船ペリーと琉米条約：異文化交流史の視点から」Journal of Intercultural Communication, SIETAR Japan,No.1,p.148.

Perry, C.M.--supervised by Hawks, F.L.（1856）. 'Entertainment at the Regent's House' in United States Japan Expedition Vol.1.Wathington: Beverley Tuckher, Senate Printer.

Mitarai, Shoji（1998）.「武洲横浜於応接所饗応之図」、「於武洲久良岐郡横浜酒食賜墨夷之図」in Research Note for Lecture on May 22,1998:U.S.-Japan Relations in the 19th Century., The Faculty of Culture Studies, Sapporo University.

Morrison, Samuel E.（1967）. "Old Bruin": Commodore Matthew Calbraith Perry Boston: An Atlantic Monthly Press Book,Chapt. XXVI & pp.380-381.

Perry, C.M. 前掲書、Peculiarities on the mission to Japan in Chapter XX .

御手洗 昭治、前掲書（一九九四）「黒船以前：アメリカの対日政策はそこから始まった！」一二四－一二六頁。

御手洗昭治、前掲書（一九九七）Journal of Intercultural Communication &（1996）「ペリーの対琉球交渉と白旗物語」札幌大学総合論叢、第二号一－一五頁。

【第八章】

麻田貞雄『アルフレッド・T・マハン』（研究社古典文庫第八巻、一九七四年）。

Hawks,Francis L.（1856）. Narrative of The Expedition of An American Squadoron To The China Seas and Japan (Washington:Beverley Tucker,Senate Printer.

井上能考『箱館英学事始め』（北海道新聞社、一九八七年）。

大石圭一『昆布の道』（第一書房、一九八七年）。

大江志乃夫『ペリー艦隊大航海記』（立風書房、一九九四年）。

「北の貿易港」（I Word,Monthly 1/'99）。

「国際都市ハコダテ」（ＮＨＫ 三月一七日、一九九八年）。

藤田忠編著『ペリーの対日交渉記』（日本能率協会マネジメント、一九九四年）。

市立函館図書館編、『亜國来使記』（一九七二年）。

市立函館博物館編、『箱館開港とペリーの足跡』（一九九一年）。

『亜米利加渡来箱館町役所觸書』松前藩、一八五四年四月七日。

マハン、アルフレッド・T『海上権力史論』（北村謙一訳、原書房、一九八二年）。

ワイリー、ピーター・B『黒船が見た幕末日本』（TBSブリタニカ、一九九八年）。

【第九章】

Cosenza, Mario. E., (1959), *THE COMPLETE JOURNAL OF TOWNSEND HARRIS*, Rutland, Vermont & Tokyo, Japan: Charles E. Tuttle.
Crow, Carl. (1939), "He Opened the Door to Japan," in *Townsend Harris and the Story of his Amazing Adventures in Establishing American Relations with the Far East.*
中沢義則（二〇〇六）「日記をのぞく⑴〜⑷」日経新聞 Sunday Nikkei, 七月二日〜七月三〇日。
NHK取材班編（二〇〇三）「ニッポン開国（第二部）通商か亡国か？」『その時歴史が動いた19』、KTC中央出版。
Reischauer,Edwin O.（1986）*Japan : The Story of a Nation*, Cambridge, Mass., Harvard University.
坂田精一（日本歴史学会編集）（一九七三）、『ハリス』、吉川弘文館。

御手洗 昭治（みたらい　しょうじ）
【経　歴】1949年兵庫県生まれ。1972年札幌大学外国語学部英語学科、米国ポートランド大卒（異文化コミュニケーション修士）。1981年オレゴン州立大学院博士課程卒（Ph.D. 取得）。両大学にて講師歴任。1992年〜93年ハーバード大学に文部省研究プロジェクト客員研究員。ハーバード法律大学院にて交渉学上級講座とミディエーション講座修了。

現在、札幌大学教授、日本交渉学会副会長。文部科学省メディア教育開発センター客員教授も務める。その他、北海道日米協会理事、北海道青少年科学文化財団理事、伊藤組100年記念基金評議員として社会活動にも従事する。
【主要著書】『黒船以前：アメリカの対日政策はそこから始まった！』（第一書房、1994）、『新国際人論：トランス・カルチュラル・ミディエーター時代への挑戦』（総合法令、1994）、『絶対の英語勉強法：グレート・コミュニケーターの実践英語』（中経出版、1997）、『異文化にみる非言語コミュニケーション：Vサインは屈辱のサイン？』（ゆまに書房、2000）、『ハーバード流思考法で鍛えるグローバル・ネゴシエーション』（総合法令出版、2003）、『多文化共生時代のコミュニケーション力』（ゆまに書房、2004）。

サムライ異文化交渉史《いぶんかこうしょうし》

＊

平成19年4月12日　印　　刷
平成19年4月25日　初版発行

＊

著者　御手洗《みたらい》 昭治《しょうじ》

＊

発行者　荒井　秀夫

発行所　株式会社ゆまに書房
〒101-0047　東京都千代田区内神田2-7-6
tel. 03-5296-0491　fax. 03-5296-0493
http://www.yumani.co.jp

＊

印刷・製本　新灯印刷株式会社

＊

ISBN978-4-8433-2299-4 C3036 ¥2000E